RE THINK

ESSEN

DIYS & LIFEHACKS FÜR EIN NACHHALTIGES LEBEN

VIOLETTA VERISSIMO

INHALT

VORRÄTE ANLEGEN - FERMENTIEREN, TROCKNEN UND EINKOCHEN 115

NÜTZLICH & HILFREICH 147

BEI UNSERER ERNÄHRUNG GEHT ES UM WEIT MEHR ALS DAS, WAS AUF DEM TELLER LANDET!

Gerade in der heutigen Zeit, wo wir mit Herausforderungen wie dem Klimawandel, Dürre, Ernteausfällen und Welthunger konfrontiert sind, ist der Einfluss unserer Lebensmittel so wichtig, wie noch nie. Durch unseren Umgang mit Nahrungsmitteln und über die Auswahl dessen, was wir essen, können wir viel bewegen – und das am besten in eine positive Richtung!

Vor etwa neun Jahren wurde ich zum ersten Mal mit dem Thema Lebensmittelverschwendung konfrontiert, als in meiner Schule eine Dokumentation darüber gezeigt wurde. An diesem Tag wurden mir die Ausmaße dieses Themas erstmalig richtig bewusst.

Während in anderen Ländern wie Frankreich das Wegwerfen von Lebensmitteln für Supermärkte verboten ist, ist es bei uns verboten, entsorgte Lebensmittel aus der Tonne zu retten. Wie kommt es also zu dieser Verschwendung? Wie kann es sein, dass Lebensmittel so enorm an Wert verloren haben? Wie können wir das besser machen?

Hier kommen mehrere Themen ins Spiel: Selbstversorgung, eigenes Gemüse anbauen, selbst Brot backen und Vorräte anlegen. Dinge die früher selbstverständlich waren, aber in unserer Zeit für die meisten kaum noch Bedeutung haben. Ich fände es schön, wenn wir wieder mehr Bezug zu unseren Lebensmitteln und wo sie herkommen, bekommen würden.

Wir schauen uns also zusammen an, wie wir diese Themen mit Freude und Leichtigkeit in unseren Alltag integrieren und so zu einer nachhaltigeren Ernährung beitragen können.

Auf geht's!

Eure Vio ♥

LEBENSMITTEL-VERSCHWENDUNG

In den letzten Jahren ist das Thema Lebensmittelverschwendung immer weiter in den Fokus gerückt. Mehr und mehr Menschen engagieren sich, um Lebensmittel zu retten. Und auch Supermärkte und Restaurants fangen an, sich zunehmend für das Thema einzusetzen und ihren Beitrag zu weniger Verschwendung zu leisten.

So gibt es immer häufiger „Retter-Kisten" mit reduzierten Produkten, die kurz vor dem Ablaufdatum stehen oder mit Obst und Gemüse, das nicht mehr ganz so frisch ist. Über Apps wie „Too Good To Go" oder „Foodsharing" lassen sich ganz einfach Lebensmittel retten. Gleichzeitig kommen immer mehr Produkte auf den Markt, die aus Lebensmitteln hergestellt wurden, die sonst auf dem Müll gelandet wären.

ESSEN FÜR DIE TONNE

Aber trotzdem werden jährlich in Deutschland immer noch ca. 11 Millionen Tonnen Lebensmittel weggeworfen. Diese Mengen kommen natürlich nicht nur von den Privathaushalten. Lebensmittelverschwendung beginnt schon auf dem Feld – hier wird die Ernte vorsortiert. Die meisten Märkte kaufen nur Obst und Gemüse an, welches der Norm entspricht. Der Rest – also was zum Beispiel zu groß, zu klein oder krumm gewachsen ist – hat für sie keinen Wert und muss somit oft entsorgt werden. Bei der weiteren Verarbeitung, im Handel und der Außer-Haus-Verpflegung geht es weiter. Hier werden Lebensmittel zum Beispiel aufgrund von falscher Kalkulation, kleinen oder größeren Macken oder Qualitätsunterschieden entsorgt.

Wenn man **11 MILLIONEN TONNEN** Lebensmittel auf Nutzfläche umrechnet, erhält man eine Fläche von 2,6 Millionen Hektar, die jedes Jahr beackert wird, nur damit die Ernte im Müll landet. Außerdem entstehen dabei **48 MILLIONEN TONNEN TREIBHAUSGASEMISSIONEN**. Eine riesige Verschwendung von Ressourcen!

Mit 59 % fällt der Großteil der weggeworfenen Lebensmittel aber dennoch in den privaten Haushalten an: Ganze 78 kg werfen wir jedes Jahr in die Tonne.

Einige **Abfälle** lassen sich nicht vermeiden wie zum Beispiel Nuss- und teilweise Obstschalen oder Blätter. Aber leider landen auch sehr viele noch essbare Nahrungsmittel im Müll. Am häufigsten wird Obst und Gemüse entsorgt (35 % der Müllmenge), danach folgen bereits zubereitete Speisen (15 %) und Backwaren (13 %). Oft wird zu viel produziert oder eine zu große Menge eingekauft. Da die meisten Kund:innen frisches Brot möchten, wird das vom Vortag häufig weggeworfen. Falsche Lagerung, Schädlinge oder Transportschäden können auch dazu führen, dass Lebensmittel entsorgt werden.

Weltweit landen ca. **17 %** der Lebensmittel ungenutzt im **MÜLL**. Das sind 931 Millionen Tonnen – eine unvorstellbar große Menge.

VERSCHWENDUNG VERMEIDEN

Einer der Hauptgründe, warum Lebensmittel in den Privathaushalten weggeschmissen werden, ist das abgelaufene Mindesthaltbarkeitsdatum. Dass die meisten Lebensmittel aber noch lange nach diesem Datum zum Verzehr **geeignet** sind, erschließt sich schon aus dem Namen: das Datum gibt an, bis wann das Lebensmittel MINDESTENS haltbar ist. Bis hierhin kann der Hersteller Eigenschaften wie den Geschmack, die Konsistenz oder die Farbe garantieren. Ob es danach noch essbar ist, können wir einfach mit unseren Sinnen **überprüfen**: Wie sieht das Lebensmittel aus? Riecht es komisch? Und zuletzt noch ein kleiner Geschmackstest. Wenn alle drei Punkte unauffällig sind, können wir es bedenkenlos essen.

Auch beim Einkauf und der Lagerung können wir Lebensmittelverschwendung vermeiden. Um nicht zu viel zu kaufen, sollte man den Einkauf vorher **planen**. Durch einen Essensplan weißt du genau, was du in der nächsten Woche brauchst, und kannst so gezielt einkaufen. Wenn du von einem bestimmten Gemüse nur wenig brauchst, macht es meistens mehr Sinn, es lose, anstatt in Großpackungen zu kaufen (z. B. bei Möhren). Diese locken oft mit günstigen Kilopreisen, allerdings ist es nicht **wirklich** günstiger, wenn am Ende die Hälfte im Müll landet. Am günstigsten kommst du weg, wenn du so wenige Lebensmittel wie möglich verschwendest – kaufe also nur so viel, wie du brauchst.

Bei der Lagerung frischer Lebensmittel gibt es einige Punkte zu beachten: Nicht jedes Gemüse gehört in den Kühlschrank und auch im Kühlschrank selbst sind einige Plätze besser geeignet als andere. Trockene Lebensmittel wie Mehl, Hülsenfrüchte oder Nudeln sollten luftdicht und dunkel verschlossen gelagert werden. Das schützt sie vor Feuchtigkeit, Schädlingen und auch vor Nährstoffverlust. Eine Übersicht zur richtigen Lagerung findest du auf Seite 150.

SAISONAL & REGIONAL

Saftige Erdbeeren im Winter, knackige Äpfel im Sommer: Für uns ist es vollkommen normal, in den Supermarkt zu gehen und dort das ganze Jahr über eine breite Vielfalt an Obst und Gemüse kaufen zu können. Aber was ist der Preis für diese Auswahl?

WO KOMMEN UNSERE LEBENSMITTEL EIGENTLICH HER?

Klar, Lebensmittel, die bei uns nicht wachsen wie Bananen, Mangos oder Avocados werden immer importiert. Gemüse, das bei uns im Sommer wächst, wie Paprika, Tomaten oder Zucchini wird in den kälteren Monaten zugekauft.

Inzwischen sind wir aber auch schon so weit, dass selbst Lebensmittel, die in unserer Region gerade Saison haben, **importiert** werden. In den meisten Supermärkten findet man dann trotzdem Tomaten, Erdbeeren und Salat aus Spanien oder Marokko, Trauben aus Südafrika oder Äpfel aus Neuseeland.

Es geht hierbei ganz einfach um den Preis. Es ist günstiger, Lebensmittel aus Ländern zu importieren, in denen niedrigere Löhne gezahlt werden und nicht so sehr auf die Arbeitsbedingungen und Arbeitsrechte geachtet wird. Die Menschen, die das Gemüse ernten, arbeiten oft viele Stunden ohne Pause in der Sonne, ohne trinken zu dürfen oder Zugang zu sanitären Anlagen zu haben.

Regenwasser wird zurückgehalten und Grundwasser wird abgepumpt, um die riesigen Plantagen zu wässern – dabei trocknen umliegende Gebiete immer mehr aus. Oft **verkaufen** korrupte Politiker die Rechte am Wasser, wodurch die riesigen Anbaukonzerne genug Zugang zum Wasser haben, die regionalen Kleinbauern oder Menschen, die in der Nähe leben, aber nicht. Bei konventionellem Anbau werden große Mengen Pestizide versprüht, wobei die Landwirt:innen häufig keine Schutzkleidung tragen und den Giften voll ausgesetzt sind. Das führt auf Dauer zu akuten und auch chronischen Krankheiten.

Neben den **sozialen** Auswirkungen, kommen noch die Treibhausgasemissionen hinzu, die bei Transport und Kühlung verursacht werden. Durchschnittlich verbrauchen importierte Lebensmittel 11-mal mehr Energie und verursachen

11-mal mehr CO_2-Emissionen als regionale. Aber auch das Transportmittel kann hier nochmal einen großen Unterschied machen: so verursacht der Transport von einer Tonne Nahrung mit dem Flugzeug zum Beispiel 90-mal so viele Emissionen wie der Transport mit dem Schiff. Und das alles nur, damit wir in den westlichen Ländern das ganze Jahr über ein breites Angebot an günstigem Obst und Gemüse zur Verfügung haben.

WAS WÄCHST DENN HIER?

Nicht nur die Regionalität spielt eine Rolle bei der Nachhaltigkeit unserer Lebensmittel – wichtig ist auch, dass wir darauf achten, ob ein Lebensmittel gerade überhaupt Saison hat.

Obst und Gemüse, das zwar als regional gekennzeichnet ist, aber gerade keine Saison hat, wurde im Gewächshaus aufgezogen. Das **verbraucht** durch die nötige Beheizung sehr viel Energie – so viel, dass im Vergleich zum saisonalen Anbau im Freiland durchschnittlich zwischen 5- bis 30-mal so viele Emissionen freigesetzt werden. In diesen Fällen ist es dann manchmal sogar so, dass die importierte Ware die bessere Ökobilanz aufweist. So verursachen zum Beispiel saisonale, regionale Erdbeeren 0,3 kg CO_2/kg, saisonale Erdbeeren aus Spanien 0,8 kg CO_2/kg und die regionalen aus dem Treibhaus ganze 3,4 kg CO_2/kg.

Doch selbst der Import von im Anbaugebiet saisonalen Lebensmitteln, verursacht immer noch sehr viel mehr Emissionen als der **heimische** Anbau in den entsprechenden Monaten. Am besten ist es also, Lebensmittel nur zu kaufen, wenn sie bei uns gerade Saison haben und ansonsten darauf zu verzichten. Und das muss gar kein richtiger Verzicht sein, denn es gibt das gesamte Jahr über Obst und Gemüse, das hier bei uns **verfügbar** ist!

2021 wurden **62 %** des in Deutschland verkauften Gemüses aus dem Ausland **IMPORTIERT**. Beim Obst waren es sogar ganze 80 %!

Eine weitere Möglichkeit ist es, Sommerobst und -gemüse für die kältere Jahreszeit haltbar zu machen. So können wir immer in den Genuss von Tomaten oder Beeren kommen, ohne auf Importware zurückgreifen zu müssen.

ESSEN UND AUSWIRKUNGEN AUFS KLIMA

In kaum einem Bereich, der den Klimaschutz betrifft, können wir selbst so einen großen Einfluss nehmen wie bei unserer Ernährung. Unsere Ernährung beeinflusst unsere Umwelt auf vielerlei Art und Weise. Die Liste ist lang: CO_2-Ausstoß, benötigte Fläche, die Art der Landbearbeitung, verwendete Dünger und Pestizide, der Wasserverbrauch oder die Verarbeitung der Lebensmittel. Dabei ist jede Kaufentscheidung auch eine Entscheidung für oder gegen **umweltverträgliche** Lebensmittel. Bio oder konventionell? Regional oder importiert? In Plastik verpackt oder lose? Tierische Produkte oder pflanzliche?

Jedes dieser Themen ist sehr komplex und wir können hier nur auf die Grundzüge eingehen.

ÖKOLOGISCHER VS. KONVENTIONELLER ANBAU

Die konventionelle Landwirtschaft hat viele negative Auswirkungen auf unsere Umwelt. Zum einen wäre da die große Menge an verwendeten Pestiziden, die die Böden und Gewässer belastet. Außerdem gehören sie zu den Hauptverursachern des Insektensterbens. Die Pestizide sorgen unter anderem dafür, dass Bienen ihren Orientierungssinn verlieren und anfälliger für Krankheiten werden. Ein weiteres Problem, welches sich ebenfalls auf die **Insekten** auswirkt, ist der Rückgang der Artenvielfalt durch Monokulturen. Durch den großflächigen Anbau der immer gleichen Kulturpflanzen bleibt kein Platz für Wildpflanzen, die für die Insekten überlebensnotwendig sind. Außerdem geht die Artenvielfalt durch Überdüngung mit Kunstdüngern und Gülle verloren. Es kommt zu einem Stickstoffüberschuss, der die Böden weniger fruchtbar macht.

Der ökologische Landbau ist auch nicht absolut umweltfreundlich. Aber es gibt zumindest einige Regelungen, die darauf abzielen, möglichst geschlossene Kreisläufe zu bilden, den Boden fruchtbar zu halten oder noch fruchtbarer zu machen und die Artenvielfalt zu schützen. So werden zum Beispiel verschiedene Pflanzen im **Wechsel** angebaut, damit die Böden nicht ausgelaugt werden. Dadurch kommt es gleichzeitig auch zu weniger Problemen mit Krankheiten und Schädlingen. Chemisch-synthetische Produktionsmittel und Mineralstoffdünger dürfen nur in Ausnahmefällen verwendet werden und gentechnisch modifizierte Organismen sind nicht erlaubt. Zur Unkrautbekämpfung werden, anstatt Herbizide einzusetzen, vor allem Nützlinge oder mechanische Methoden wie Hacken und Abflammen verwendet.

Beim ökologischen Anbau werden weniger Treibhausgase freigesetzt und auch weniger Energie wird verbraucht. Bei der verwendeten Energie wird außerdem darauf geachtet, dass sie aus erneuerbaren Quellen stammt. Für ein Kilogramm konventionelle Tomaten entstehen zum Beispiel 327 g CO_2-Äquivalente, während für die gleiche Menge Bio-Tomaten nur 226 g CO_2-Äquivalente anfallen. Bei Kartoffeln sind es pro Kilo 197 g CO_2-Äquivalente im konventionellen Anbau und 136 g CO_2-Äquivalente im ökologischen Anbau.

BIO-SIEGEL

Auch im Bio-Landbau gibt es große Unterschiede. Neben dem staatlichen Bio-Siegel gibt es auch noch die Siegel vom „Bund Ökologischer Lebensmittelwirtschaft" (BÖLW). Die Regeln sind hier nochmal strenger. Mit dem EU-Siegel dürfen zum Beispiel keine chemisch-synthetischen Pflanzenschutz- und Düngemittel und keine Gentechnik verwendet werden. Dafür ist es hier erlaubt, dass ein Betrieb sowohl Bio- als auch konventionelle Produkte anbaut. Mit den BÖLW-Siegel dürfen nur Produkte ausgezeichnet werden, die aus komplett ökologisch arbeitenden Höfen stammen.

Jeder Anbauverband hat unterschiedliche Richtlinien und Schwerpunkte, die sich vom staatlichen bzw. EU-Siegel unterscheiden, beziehungsweise dessen Regelungen verschärfen.

Das Naturland-Siegel regelt zum Beispiel zusätzlich, wie viel Dünger insgesamt auf die Felder aufgebracht werden darf. Auch müssen mögliche Risiken auf dem Acker wie Altlasten oder Kontamination durch Klärschlamm ausgeschlossen werden. Hierzu gibt es beim EU-Siegel gar keine Regelung.

Das Demeter-Siegel gilt als das strengste Bio-Siegel. Hier wird besonders viel Wert auf geschlossene Kreisläufe gelegt. Um die Artenvielfalt zusätzlich zu unterstützen, ist auf Demeter-Höfen vorgeschrieben, dass 10 % der Betriebsfläche der Biodiversität gewidmet und dementsprechend gepflegt werden muss. Außerdem ist die Nutzung von Hybrid-Saatgut nur in Ausnahmefällen erlaubt, CMS-Hybriden sind komplett verboten. Das EU-Siegel erlaubt beides.

HYBRID-SAATGUT ist Saatgut, welches **NICHT IM BETRIEB** nachgezüchtet werden kann. Die Betriebe sind somit **ABHÄNGIG** von den **SAATGUTVERTREIBERN** und müssen es jedes Jahr **NEU** kaufen. CMS-Hybriden sind **KREUZUNGEN** aus verschiedenen Pflanzenarten, die sich in einem **GRENZBEREICH** zur **GENTECHNIK** befinden.

TIERISCHE VS. PFLANZLICHE LEBENSMITTEL

Neben biologischem und konventionellem Anbau ist auch der Vergleich zwischen tierischen und pflanzlichen Lebensmitteln sehr interessant. Tierische Lebensmittel wirken sich auf verschiedene Art und Weise negativ auf unsere Umwelt aus.

Zunächst benötigt die **Produktion** von Futtermitteln enorm viel Fläche. Allein in Deutschland wird auf 10 Millionen Hektar Tierfutter angebaut. Von der gesamten landwirtschaftlich genutzten Fläche Deutschlands sind das ganze 60 %.

28 % des Tierfutters werden zusätzlich noch importiert. Zu einem großen Teil (35 Millionen Tonnen) wird hier Soja eingefahren. Der Anbau von Soja für Tierfutter findet oft in Brasilien, Argentinien und in den USA statt und ist problematisch, da hierfür große Teile (Regen-) Waldfläche gerodet werden. Vor allem der Regenwald ist **entscheidend** für unser Klima, da in ihm enorme Mengen CO_2 gespeichert sind: in einem Hektar Regenwald stecken ganze 734 Tonnen CO_2! Wenn dieser Wald für Plantagen gerodet wird, gelangt das CO_2 in die Atmosphäre.

80 % des weltweit angebauten Sojas wird für Tierfutter verwendet. Die Sojabohnen die für Tofu, Sojamilch oder vegane Würstchen verwendet werden, kommen hingegen nicht aus dem Regenwald, sondern in der Regel **direkt** aus Deutschland, Österreich oder Frankreich.

Vor allem in Hinblick auf den Welthunger, ist die Nutzung der globalen Ackerflächen sehr kritisch zu sehen. Tatsächlich wäre nicht jede Anbaufläche, auf der aktuell Tierfutter wächst, auch für den Nahrungsanbau geeignet – doch allein in Deutschland wäre das bei ca. 50 % der Fläche sehr wohl der Fall. Allein für

ein Kilogramm Rindfleisch werden ca. 7 kg Getreide benötigt. Man spricht hier von „Veredelungsverlusten“. Das bedeutet, dass eine Menge Energie (hier in Form von Lebensmitteln) verloren geht, um die pflanzlichen Produkte in tierische umzuwandeln. Wir könnten eine unglaubliche Menge an Ressourcen einsparen und somit sehr viel mehr Menschen **ernähren**, wenn wir pflanzliche Lebensmittel für unseren eigenen Konsum anbauen würden.

Unsere Ernährung sorgt für ganze **15 %** der Treibhausgasemissionen pro Person. Das sind für jeden von uns ca. **1,75 TONNEN** CO_2 pro Jahr und insgesamt in Deutschland **145 MILLIONEN TONNEN** CO_2.

Auch was den Ausstoß von Treibhausgasen angeht, steht die Herstellung tierischer Produkte schlecht da. 75 % der Treibhausgasemissionen in der Landwirtschaft kommen aus der Produktion tierischer Produkte. Vor allem **Methan**, welches 25-mal stärker auf den Treibhausgaseffekt wirkt als CO_2, ist hier problematisch.

Für ein Kilogramm Rindfleisch entstehen 13,3 kg CO_2-Äquivalente, für Käse 8,5 kg, und für Geflügel immer noch 3,5 kg. Pflanzliche Lebensmittel liegen hier weit unter diesen Werten. Für ein Kilogramm Tofu fallen zum Beispiel nur 1,1 kg CO_2-Äquivalente an, für Brot 720 g und für Kartoffeln nur 200 g.

Selbst, wenn pflanzliche Lebensmittel importiert werden, sind sie in der Regel im Vergleich zu tierischen Produkten trotzdem noch die ökologisch bessere Wahl. Ein **CAMEMBERT AUS KUHMILCH** sorgt zum Beispiel für **6,53 KG** CO_2-Äquivalente pro Kilogramm, während ein **VEGANER CAMEMBERT AUS CASHEWKERNEN** nur auf **2,47 KG** CO_2-Äquivalente pro Kilogramm kommt.

Auch der **Wasserverbrauch** ist bei tierischen Produkten wesentlich höher als bei pflanzlichen. Für ein Kilogramm Rindfleisch werden 15.400 Liter Wasser gebraucht. Für ein Kilogramm Sojabohnen hingegen nur 2.200 Liter. Selbst für die Avocado, die ja oft für den hohen Wasserverbrauch kritisiert wird, werden „nur“ 1.000 Liter Wasser pro Kilogramm benötigt.

Zu den Lebensmitteln mit dem höchsten Wasserverbrauch gehört ein Produkt, das bei vielen **mehrmals** täglich auf dem Plan steht: Kaffee. Der benötigt ganze 21.000 Liter Wasser pro Kilogramm. Kakao erreicht sogar 27.000 Liter pro Kilogramm. Am wenigsten Wasser verbraucht generell Obst und Gemüse: Kartoffeln 210 Liter pro Kilogramm, Tomaten 110 Liter pro Kilogramm oder Äpfel 700 Liter pro Kilogramm.

SELBSTVERSORGUNG

Selbstversorgung ist heute für viele ein Traum: Ein Hof mit großem Garten, irgendwo im Grünen, Obst und Gemüse selbst anpflanzen, die eigene Ernte einkochen oder einlegen und für den Winter haltbar machen, eigenes Brot backen. Zu einer umfassenden Selbstversorgung kann aber natürlich noch mehr gehören: Strom selbst produzieren, möglichst wenige neue Dinge kaufen, Möbel selbst bauen und Kleidung nähen – insgesamt also unabhängiger sein von den Systemen unserer Gesellschaft.

DIE GRENZEN DER SELBSTVERSORGUNG

Selbstversorgung in diesem Sinne ist eine Lebensaufgabe. Sie funktioniert nicht, wenn du Vollzeit arbeitest, viele Freizeitaktivitäten hast oder regelmäßig – vor allem im Sommer – Urlaub machen möchtest. Denn wenn du wirklich alles selbst erzeugen möchtest, gibt es immer etwas am Haus oder im Garten, um das sich gekümmert werden muss.

Aktuell leben 77 % der Menschen in Deutschland in der Stadt und 23 % auf dem Land. 55 % der Erwachsenen haben Zugriff auf einen Garten. Um sich selbst zu versorgen, muss ein Garten natürlich eine gewisse Größe haben: Um eine Person vollständig mit Obst und Gemüse zu versorgen, wird eine Fläche von etwa 160 m² benötigt. Nicht eingerechnet sind hier Lebensmittel wie Getreide oder Öle. Spätestens bei solchen Lebensmitteln kommen wir mit der Selbstversorgung dann schnell an die Grenzen des Realistischen. Um für eine Person oder eine Familie genug Reis, Weizen oder Raps für Öl anzubauen, bräuchte man sehr viel mehr Platz. Hier ein kleines Rechenbeispiel: Allein um Mehl für ein einziges Brot zu produzieren, musst du mit ca. 2 m² Anbaufläche rechnen. In Deutschland liegt der jährliche Brotkonsum pro Person bei ganzen 79 kg – dafür bräuchte es also ca. 160 m² Fläche. Dazu kommt noch das Getreide für, zum Beispiel, Nudeln oder süßes Gebäck. Für einen Liter Rapsöl brauchst du etwas über 6 m² Anbaufläche. Dabei liegt der Jahresverbrauch von Speiseöl pro Person bei ca. 16 Liter. Das heißt, allein für Speiseöl kämen nochmal über 100 m² Fläche pro Person dazu! Abgesehen vom Platz, wird

es in diesem Rahmen dann auch Maschinen brauchen, um die ganze Arbeit als Privatperson überhaupt schaffen zu können.

Worauf ich mit dieser kleinen Rechnung hinaus möchte: Für die meisten von uns ist Selbstversorgung in diesem Umfang nicht umsetzbar. Und das muss sie auch gar nicht sein! Wir können alle einen Beitrag zu mehr Nachhaltigkeit leisten, indem wir uns in **kleinen Bereichen** „selbst versorgen" – ein bisschen Gemüse im Garten, auf der Fensterbank oder dem Balkon, ab und zu Lebensmittel wie Brot selbst machen, statt sie verpackt zu kaufen, oder weniger neue Dinge und Kleidung kaufen und öfter auf das zurückgreifen, was wir oder unser Umfeld schon besitzen. Es ist also trotzdem möglich, ein kleines (und je nach Möglichkeiten auch größeres) Stück Selbstversorgung im eigenen Leben unterzubringen.

Wer beim Pflanzen von eigenem Gemüse besonders nachhaltig handeln möchte, setzt auf samenfestes **BIO-SAATGUT**. Hiermit kann man die Samen **SELBST VERMEHREN** und muss so auf Dauer nichts mehr nachkaufen. Außerdem werden so alte, regionale Sorten geschützt, die besser an unsere Klima- und Bodenbedingungen angepasst sind.

SELBSTVERSORGUNG IM KLEINEN

Eigenes Gemüse anzubauen, ist eine fantastische Möglichkeit, sich damit auseinanderzusetzen, wo unser Essen eigentlich herkommt. Wenn du erst mal eine Pflanze vom kleinen Samenkorn bis zum fertigen Gemüse gepflegt hast, wirst du eine ganz neue **Wertschätzung** gegenüber Lebensmitteln empfinden. Selbst Essen anzubauen, führt auch dazu, dass weniger Lebensmittel verschwendet werden. Die eigene Ernte zu genießen, ist mit keinem Essen aus dem Supermarkt vergleichbar und da versucht man natürlich besonders, nichts entsorgen zu müssen.

Durch den eigenen Anbau müssen unsere Lebensmittel keine langen Transportwege zurücklegen. Wenn du auf Pestizide und synthetische Düngemittel verzichtest, ist es natürlich noch nachhaltiger. Zu Hause auf dem Balkon, im eigenen Garten oder wo auch immer du dir sonst ein Beet organisieren kannst, ziehst du das **gesündeste** Gemüse heran, das es gibt.

Abgesehen davon, ist auch die Gartenarbeit selbst gut für die Gesundheit. Sich im Grünen aufzuhalten und nur auf eine Sache zu konzentrieren, kann wie Meditation empfunden werden. Es kann außerdem den Blutdruck senken, das Immunsystem stärken, die Ausdauer verbessern und die Muskeln kräftigen. Noch dazu wirken die Farben eines Feldes oder Gartens **beruhigend** und helfen beim Stressabbau. Ich denke, das sind mehr als genug gute Gründe, die Schaufel in die Hand zu nehmen und loszulegen!

VORRATSHALTUNG & HALTBARMACHUNG VON LEBENSMITTELN

Mit dem Anbau von eigenem Gemüse kommt ein weiteres wichtiges Thema ins Spiel: das Haltbarmachen von Lebensmitteln. Im Sommer wird man im Garten oft von großen Mengen Gemüse überschwemmt, die man gar nicht so schnell aufessen kann, wie sie schon wieder nachwachsen. Und dann heißt es: Vorräte anlegen.

VERSCHIEDENE METHODEN DER HALTBARMACHUNG

Um Lebensmittel haltbar zu machen, gibt es verschiedene Möglichkeiten: trocknen, einkochen, einlegen, fermentieren oder einfrieren. Jede Variante hat ihre Vor- und Nachteile.

Trocknen

Das Trocknen hat den Vorteil, dass die Lebensmittel so recht **sicher konserviert** werden. Wird das Obst oder Gemüse richtig getrocknet und danach auch richtig gelagert, ist es unwahrscheinlich, dass es verdirbt oder von Schädlingen befallen wird. Wenn das Obst und Gemüse bei niedrigen Temperaturen trocknet (bis 40 °C), ist auch der Nährstoffverlust relativ gering. Je nachdem wie du später das getrocknete Obst oder Gemüse **weiterverwenden** möchtest, ist Trocknen eventuell nicht ideal geeignet. Wenn du zum Beispiel aus Tomaten später eine Tomatensauce kochen möchtest, macht es mehr Sinn, die Tomaten direkt einzukochen, statt sie zuerst zu trocknen.

Einkochen und einlegen

Das Einkochen bietet den Vorteil, dass du ganze Gerichte vorbereiten kannst. Egal ob Suppen, Soßen oder Eintöpfe – beim Einkochen bleibt der Geschmack sehr gut erhalten. Allerdings ist eingekochtes Gemüse etwas anfälliger und verdirbt leichter. Hier ist es sehr wichtig, hygienisch zu arbeiten, auf die richtige Zusammensetzung zu achten und sich genau an das Rezept zu halten. Das gleiche gilt auch für das Einlegen: Wenn nicht genug Säure vorhanden ist, können sich unerwünschte Mikroorganismen vermehren und dann ist schnell das gesamte Gemüse verdorben.

Dass deine Vorräte verdorben sind, merkst du in der Regel an aufsteigenden Bläschen im Glas oder einem gewölbten Deckel. Spätestens beim Öffnen erkennst du, wenn nicht richtig konserviert wurde. Um dem vorzubeugen, solltest du eingekochte Lebensmittel immer ausreichend lange erhitzen. Der pH-Wert, die Einkochzeit und -temperatur sind hier entscheidend.

Falls sich der Deckel einer Konserve im Schraubglas wölbt, sollte sie immer entsorgt werden.

Fermentieren

Bei der Fermentation wird ein saures Milieu erzeugt, in dem sich schädliche Bakterien nicht vermehren können, deswegen muss hier nicht erhitzt werden. Generell ist das Fermentieren meine liebste Art der Konservierung, da hier nicht nur die Nährstoffe gut erhalten bleiben, sondern durch die Milchsäurebakterien auch noch zusätzliche **gesundheitsförderliche** Eigenschaften hinzukommen. Durch die Gärung verändert sich der Geschmack des Gemüses und es erhält eine probiotische Wirkung. Außerdem können fermentierte Lebensmittel besser verträglich sein und zu einer besseren Nährstoffaufnahme beitragen, da Stoffe, die die Aufnahme hemmen, bei der Fermentation abgebaut werden.

Einfrieren

Der große Vorteil vom Einfrieren liegt darin, dass viele Nährstoffe im Gemüse enthalten bleiben. Hierfür sollte das Gemüse **möglichst frisch** nach der Ernte eingefroren und in einigen Fällen zuerst noch blanchiert und abgeschreckt werden. Das Blanchieren sorgt für eine noch längere Haltbarkeit und eine frische Farbe.

Manche Gemüsesorten ändern durch das Einfrieren jedoch ihre Konsistenz wie zum Beispiel Zucchini oder Möhren. Nach dem Auftauen verlieren sie viel Wasser und sind eher labberig. Daher solltest du dir vor dem Einfrieren überlegen, was du später mit dem Gemüse machen möchtest und ob das Einfrieren dafür die beste Konservierungsmethode ist.

Letztendlich gibt es die eine **perfekte** Methode des Haltbarmachens nicht – bei den meisten von uns wird mit jeder Ernte auch nach und nach jede Methode Platz im Vorratsschrank finden.

SAISONAL, REGIONAL UND KLIMA-FREUNDLICH ESSEN

SAISONAL UND REGIONAL ESSEN

In diesem Kapitel beschäftigen wir uns mit saisonalen, regionalen und klimafreundliche(re)n Lebensmitteln. Was mir ganz wichtig ist, zu betonen: Niemand von uns muss alles **perfekt** machen. Sich zu 100 % von Lebensmitteln aus der Region zu ernähren, ist gar nicht so einfach! Ich habe es eine Zeit lang versucht und bin relativ schnell an meine Grenzen gestoßen.

Bei Obst und Gemüse ist es noch recht unkompliziert. Hier kannst du einen Blick in den Saisonkalender werfen und weißt direkt, was aktuell verfügbar sein sollte. Wenn du **Zugang** zu einem regionalen Hof oder einem Wochenmarkt hast, ist das der beste Weg, um an saisonales und regionales Gemüse zu kommen. Im Supermarkt musst du schon etwas genauer hinsehen. Am wahrscheinlichsten findest du im Biomarkt saisonales Gemüse aus der Region, im konventionellen Supermarkt ist das ganze Jahr über größtenteils dasselbe Angebot zu finden: Was bei uns gerade keine Saison hat oder im Ausland günstiger anzukaufen ist, wird dann als Importware angeboten. Ein einfacher Weg, um jeden Tag für ein bisschen mehr **Regionalität** auf dem Speiseplan zu sorgen, ist – je nach Möglichkeiten – der eigene Anbau von Kräutern, Salaten oder Gemüse.

Gerade Lebensmittel wie Reis oder Hülsenfrüchte werden in den Märkten nur sehr selten aus der Region angeboten. Wer ländlich wohnt, hat vielleicht den ein oder anderen Anbieter in der Nähe, bei dem man auch diese Lebensmittel regional bekommen kann. Reis gibt es zumindest im Bioladen zum Beispiel auch aus Italien – somit hat er eine nicht ganz so weite Reise hinter sich, wie sonst üblich. Einige Händler bieten im Internet Hülsenfrüchte, Getreide etc. aus Deutschland und der Umgebung an. Letztendlich ist es eine sehr **persönliche** Frage, wie weit du hier gehen möchtest und wo du die eigenen Grenzen siehst. Unser Lebensmittelsystem ist nicht mehr darauf ausgelegt, dass wir uns zu 100 % von regionalen Lebensmitteln ernähren können. Durch die Globalisierung bauen wir vieles, das wir eigentlich anbauen könnten, nicht mehr selbst an und importieren es stattdessen. Im Gegenzug exportieren wir die Lebensmittel, von denen wir zu viel produzieren.

Mir persönlich geht es darum, bessere Entscheidungen zu treffen. Lebensmittel, die ich nicht aus deutscher Landwirtschaft bekommen kann, versuche ich aus den Nachbarländern oder zumindest aus Europa, statt von einem anderen Kontinent, zu kaufen. Manchmal muss es auch kein exotisches Lebensmittel sein, sondern ich wähle eine regionalere Alternative. Allein die Suche nach **Alternativen** und nach mehr regionaler Vielfalt hat mich in den letzten Jahren unglaublich viele neue Lebensmittel entdecken lassen. Es gibt so viele Getreide- und Gemüsesorten, die bei uns in Vergessenheit geraten sind. Es gibt sogar Initiativen, die sich eigens dafür einsetzen, alte Sorten zu retten und weiter zu züchten. Anstatt das Ganze also als Verzicht zu sehen, betrachte ich es absolut als Gewinn. Mein Speiseplan wird immer größer, umso mehr regionale Lebensmittel ich ausprobiere – und das macht richtig Spaß! Und ich finde, Nachhaltigkeit muss einfach auch **Spaß** machen, damit sie dauerhaft umsetzbar ist. Genauso sieht es für mich mit dem Ersatz für tierische Produkte aus.

Die Rezepte in diesem Kapitel sollen Freude bringen und stellen unkomplizierte Alternativen für den Alltag dar. Gerade die vegane Küche lädt zum Ausprobieren und Experimentieren mit neuen Geschmäckern ein. Dabei ist es gar nicht das Ziel, einen „Ersatz" für ein gewohntes Produkt zu erhalten, sondern es kann eher als **Erweiterung** verstanden werden. Oftmals ist Geschmack einfach auch Gewöhnungssache: Wenn wir neue Lebensmittel probieren, wie zum Beispiel Sojamilch, ist der Geschmack oft erst mal komisch, weil wir direkt den Vergleich zum Gewohnten ziehen. Aber je öfter wir neue Lebensmittel probieren, umso offener werden auch unsere Geschmacksnerven.

REGIONALE SUPERFOODS

In den letzten Jahren ist ein „Superfood" nach dem anderen in den Supermärkten aufgetaucht. Chiasamen, Quinoa, Açaí- und Goji-Beeren – alles großartige Lebensmittel mit vielen Nährstoffen, aber für eine gesunde Ernährung nicht unbedingt notwendig. Stattdessen können wir auf heimische „Superfoods" zurückgreifen. Die haben ebenfalls gute Inhaltsstoffe, müssen aber nicht so einen weiten Weg zurücklegen, um zu uns zu kommen. Noch dazu sind sie in der Regel wesentlich günstiger.

HEIMISCHE ALTERNATIVEN ZU EXOTISCHEN „SUPERFOODS“

Leinsamen statt Chiasamen

Chiasamen sind vor allem für ihren hohen Gehalt an Omega-3-Fettsäuren bekannt. Leinsamen sind hier eine gute Alternative. Sie werden auch in Europa angebaut und enthalten sogar noch mehr Omega-3-Fettsäuren als Chiasamen. Durch ihren großen Ballaststoffanteil unterstützen sie außerdem die Verdauung und tragen in Smoothies oder Müslis zur Sättigung bei. Am besten werden sie frisch geschrotet gegessen. Alternativ kannst du auch im Voraus die Menge für eine Woche vorbereiten (ca. 7 EL) und im Kühlschrank aufbewahren.

Hirse statt Quinoa

Quinoa enthält jede Menge Eisen. Einen noch höheren Eisengehalt kann aber die regionale Hirse aufweisen. Genau wie Quinoa ist auch Hirse glutenfrei und kann in derselben Art und Weise verwendet werden – als proteinreiche Getreidebeilage, für Salate, Bratlinge oder auch süß zum Frühstück.

Blaue Beeren statt Açaí

Açaí-Beeren enthalten viele Antioxidantien. Diese sind auch zu finden in Heidelbeeren, Holunderbeeren, dunklen Trauben oder Rotkohl. Heidelbeeren enthalten außerdem noch mehr Vitamin C als Açaí-Beeren.

Schwarze Johannisbeere und Sanddorn statt Goji-Beeren

Goji-Beeren punkten vor allem mit einer Menge Vitamin C und Antioxidantien. Aber auch hier haben wir heimische Alternativen: schwarze Johannisbeeren oder Sanddorn. Sie enthalten sogar noch mehr Vitamin C als die exotischen Goji-Beeren.

WEITERE HEIMISCHE SUPERFOODS

Grünkohl

Eigentlich sind alle Kohlsorten Superfoods. Sie enthalten viele Proteine, Folsäure, Carotinoide und weitere gesundheitsförderliche sekundäre Pflanzenstoffe. Grünkohl enthält außerdem viel Calcium, Magnesium, Eisen, Kalium, Vitamin A, C, K und B2. Er lässt

sich sehr vielseitig verwenden: für Pfannengerichte, in Aufläufen, in Smoothies oder gebacken als knusprige Chips.

Sauerkraut

Das Sauerkraut ist eine typische regionale Speise und bringt als fermentiertes Lebensmittel viel Milchsäure und (falls es nicht erhitzt wurde) auch die guten Milchsäurebakterien mit. Fermentierte Lebensmittel unterstützen unsere Darmgesundheit, haben eine verbesserte Verdaulichkeit und hemmen durch den niedrigen pH-Wert das Wachstum unerwünschter Organismen.

Brennnessel

Sie wächst an jeder Ecke, doch wird trotz ihrer vielen guten Eigenschaften kaum beachtet. Dabei ist die Brennnessel ein einfach zu erkennendes Wildkraut, das voller Nährstoffe steckt. Vor allem finden wir hier Vitamin C, Vitamin A, Eisen, Kalzium, Magnesium und Kalium. Außerdem wirkt die Brennnessel durchblutungsfördernd, antientzündlich und stoffwechselanregend. Verwenden lässt sie sich auf verschiedenste Art und Weise: du kannst aus dem Kraut Brennnesseltee oder Suppe kochen oder sie roh in Smoothies oder Salate geben. Die Samen passen ebenfalls gut in einen Salat oder auch ins Müsli.

Radicchio

Der bittere Geschmack sorgt wohl dafür, dass dieser Salat nicht zu den beliebtesten gehört. Aber gerade die Bitterstoffe sind super für unsere Verdauung und das Immunsystem. Radicchio ist vor allem im Winter eine gute Quelle für Vitamine und Mineralstoffe. Er enthält viel Kalium, Eisen und Vitamin C.

Spargel

Die Saison ist zwar nur recht kurz, aber es lohnt sich auf jeden Fall die Spargelzeit auszunutzen. Spargel enthält viel Kalium, Folsäure, Eisen und auch Vitamin C. Noch dazu enthält Spargel Selen, was in pflanzlichen Lebensmitteln nur selten bzw. nur in geringen Mengen vorkommt, und er verfügt über eine präbiotische Wirkung. Weißen Spargel kannst du gedünstet oder gekocht essen, grünen Spargel gegrillt oder sogar roh.

FRÜHLINGSREZEPT: BÄRLAUCH-GNOCCHI

Bärlauch hat von Mitte März bis Mai nur eine kurze Saison, eignet sich aber mit seinem knoblauchähnlichen Geschmack für viele Frühlingsgerichte. In vielen Gegenden gibt es auch die Möglichkeit, ihn selbst zu sammeln. Hier musst du aber aufpassen, denn es gibt giftige Pflanzen, die dem Bärlauch sehr ähnlich sehen: Maiglöckchen, Herbstzeitlose und Aronstab sollten auf keinen Fall verzehrt werden, das kann im schlimmsten Fall tödlich enden! Wenn du auf Nummer sicher gehen willst, kaufst du Bärlauch also lieber im Laden, am ehesten findest du ihn im Biomarkt.

ZUTATEN

- 500 g Kartoffeln (mehlig-kochend)
- zwei Bund Bärlauch (ca. 80 g)
- 30 ml Wasser
- 350 g Dinkelmehl (Type 630)
- je 2 TL Salz und Pfeffer

BESONDERS LECKER schmecken die Bärlauch-Gnocchi, wenn sie nach dem Kochen noch **KURZ KNUSPRIG ANGEBRATEN** werden. Wir essen sie gerne mit ein wenig **OLIVENÖL**, **KNOBLAUCH**, **KRÄUTERN** und ein paar **CHAMPIGNONS** oder **TOMATEN**.

ANLEITUNG

1 Die Kartoffeln schälen und etwa 20 Minuten lang gar kochen, danach abgießen und abkühlen lassen.

2 Die abgekühlten Kartoffeln mit einem Kartoffelstampfer oder einer Gabel zerdrücken, bis keine Stückchen mehr übrig sind.

3 Den Bärlauch waschen und die Stiele entfernen. Zusammen mit dem Wasser fein pürieren.

4 Die Kartoffelmasse in eine Schüssel geben und mit dem pürierten Bärlauch und den restlichen Zutaten kurz zu einem glatten Teig kneten. Der Teig wird ein bisschen klebrig sein, es sollte aber nicht zu viel Mehl hinzugegeben werden, denn sonst werden die Gnocchi zu hart.

5 Aus dem Teig auf einer bemehlten Arbeitsfläche mehrere Rollen mit ca. 1 cm Durchmesser formen. Dabei auch die Hände gut einmehlen, damit der Teig nicht klebt. Danach die Rollen in 2 cm große Stücke teilen.

6 Wer möchte, kann die Gnocchi jetzt noch einzeln über eine Gabel rollen, um das typische Muster zu erzeugen.

7 Als letztes werden die Gnocchi für ca. 5 Minuten gekocht, bis sie an die Wasseroberfläche schwimmen.

SOMMERREZEPT: EIS AM STIEL MIT REGIONALEN BEEREN

Im Sommer geht auch bei uns so richtig die Beerensaison los. Heimische Erdbeeren, Heidelbeeren oder Himbeeren schmecken genauso gut wie die weit gereiste Açaí-Beere. Dieses Eis steckt voller Nährstoffe, die uns gut durch den Tag bringen, und sorgt für Erfrischung. Der Seidentofu macht das Eis cremiger und die zusätzlichen Proteine halten länger satt. Alternativ kannst du auch alle Zutaten zusammenmixen und als Smoothie trinken.

ZUTATEN

- 100 g Heidelbeeren
- 50 g Erdbeeren
- 50 g Himbeeren
- 3 EL Zucker oder anderes Süßungsmittel
- 100 g Seidentofu
- Eisförmchen

Wenn du **GEFRORENE BEEREN** für das Rezept verwendest, lässt sich daraus auch eine super **SMOOTHIE-BOWL** machen. Noch ein paar **GESCHROTETE LEINSAMEN**, **NÜSSE** und **KNUSPERMÜSLI** als Topping obendrauf und fertig ist das **FRÜHSTÜCK!**

ANLEITUNG

1 Die Heidelbeeren zusammen mit einem Esslöffel Zucker in den Mixer geben. Danach in eine Schüssel füllen.

2 Die Erdbeeren und Himbeeren zusammen mit einem Esslöffel Zucker in den Mixer geben. Danach in eine separate Schüssel füllen.

3 Den Seidentofu mit einem Esslöffel Zucker pürieren.

4 Die drei Massen immer abwechselnd teelöffelweise in die Eisförmchen geben, bis sie voll sind. Das Eis für ca. 4 Stunden ins Gefrierfach stellen und fest werden lassen.

REGIONALES GEMÜSE EINFACH LIEFERN LASSEN

LIFE HACK

In den meisten Gegenden gibt es GEMÜSEKISTEN von Bauern aus der Region. Diese werden in der Regel wöchentlich geliefert und so kann man immer mit dem Obst und Gemüse kochen, das gerade Saison hat.

MITGLIED IN EINER SOLIDARISCHEN LANDWIRTSCHAFT WERDEN

LIFE HACK

Hier arbeiten Konsumenten und Landwirte zusammen. Man zahlt einen zu Beginn der Saison vereinbarten Beitrag, über den die Produktionskosten der Lebensmittel gedeckt werden und im Gegenzug bekommt man frisches Obst, Gemüse und was auf dem Hof sonst noch produziert wird. Dabei können die Konsumenten aktiv MITENTSCHEIDEN, was angebaut werden soll, und manchmal kann man auch selbst auf dem Feld mithelfen.

LIFE HACK

ZITRONEN- UND ORANGENSCHALE WEITERVERWENDEN

Wenn ich Zitrusfrüchte verwende, reibe ich gerne die SCHALE ab und lasse sie trocknen (nur bei Bio-Früchten!). So kann man sie super als Gewürz für Smoothies, Joghurt oder ein Müsli verwenden.

WENIGER GERICHTE EINPLANEN

Wenn wir unseren Essensplan für die Woche machen, planen wir immer nur für fünf oder höchstens sechs Tage Gerichte ein. An den übrigen Tagen werden die RESTE aus dem Kühlschrank und dem Vorratsregal verwendet.

LIFE HACK

ALTES BROT AUFFRISCHEN

LIFE HACK

Brot und Brötchen, die nicht mehr ganz frisch sind, kann man einfach ein bisschen ANFEUCHTEN und dann wieder aufbacken. So werden sie wieder so gut wie neu.

LIFE HACK

ARME RITTER AUS ALTBACKENEM BROT

Gib in eine Schüssel 200 ml Pflanzenmilch, ca. 4 EL Mehl, 1 TL Zimt und 2 EL Vanillezucker, sodass ein dickflüssiger TEIG entsteht. In diesen Teig die Brotscheiben legen und dann von beiden Seiten für ein paar Minuten anbraten. Obendrauf noch Zimt und Zucker oder etwas Sirup!

HERBSTREZEPT: PASTINAKEN-PUFFER

Die Pastinake war lange in Vergessenheit geraten, aber so langsam kehrt sie in die Supermärkte und auf die Teller zurück. Ihr Geschmack ist noch etwas süßer als der von Möhren. Du kannst sie zum Beispiel zu Püree verarbeiten, als Ofengemüse, Auflauf, Suppe, in wärmenden Currys oder auch in herbstlichen Salaten verwenden. Heute kombinieren wir sie mit Kartoffeln und machen leckere Pastinaken-Puffer daraus.

ZUTATEN

- 100 g Pastinaken
- 450 g Kartoffeln
- ½ TL Salz
- 1 TL Pfeffer
- eine Prise Muskat
- 3 EL Mehl zur Bindung
- etwas Öl zum Braten oder Backen

Dieses Rezept lässt sich super abwandeln: Die Pastinake kannst du durch MÖHRE ersetzen oder ergänzen oder im Sommer durch ZUCCHINI.

ANLEITUNG

1 Kartoffeln und Pastinaken schälen und anschließend mit einer Reibe grob raspeln.

2 Beides in ein feines Sieb oder Baumwolltuch geben und möglichst viel Flüssigkeit herauspressen.

3 Dann die ausgepresste Masse in eine Schüssel geben und mit den anderen Zutaten vermengen. Jeweils 3–4 EL des Pufferteigs zu Puffern formen.

4 Die Puffer jetzt entweder in etwas Öl in der Pfanne braten oder mit wenig Öl bepinseln und im Backofen backen.

WINTERREZEPT: ROTE-BETE-BURGER

Rote Bete gehört zu den Gemüsesorten, die ich eigentlich nie mochte. Aber nach und nach habe ich Rezepte gefunden, in denen sie mir doch sehr gut schmeckt. Eins davon ist dieses Rezept für Burger-Pattys.

ZUTATEN FÜR 6 PATTYS

- 85 g getrocknete Linsen
- ½ Zwiebel
- 2 Knoblauchzehen
- 100 g Haferflocken
- 85 g gekochte Rote Bete
- 2 EL Tomatenmark
- 2 EL Sojasauce
- 1 TL Pfeffer
- 1 TL Paprikapulver
- etwas Salz
- etwas Öl zum Braten

ANLEITUNG

1 Als erstes die Linsen in der doppelten Menge Wasser gar kochen, dann abgießen.

2 Zwiebel und Knoblauch schälen, klein hacken und in einer Pfanne mit ein wenig Öl glasig anbraten.

3 Die Haferflocken im Mixer zu Mehl mahlen.

4 Alle Zutaten in eine große Schüssel geben und mit dem Pürierstab zu einer einheitlichen Masse verarbeiten.

5 Aus der Masse Burger-Pattys in der gewünschten Größe formen und mit ein wenig Öl von beiden Seiten anbraten.

KOCHEN UND BACKEN MIT VEGANEN EI-ALTERNATIVEN

Womit du das Ei beim Backen oder Kochen ersetzen kannst, hängt davon ab, welche Funktion es ursprünglich haben sollte. Soll es den Teig binden oder auflockern? Soll es eine luftige Masse erzeugen? Egal wofür, es gibt viele vegane Alternativen, die wir nutzen können.

FÜR SÜSSES GEBÄCK WIE PFANNKUCHEN, KEKSE ODER RÜHRKUCHEN

Apfelmus oder zerdrückte Bananen. Diese Alternativen binden den Teig und machen ihn zusätzlich schön saftig. 60 g hiervon entsprechen etwa einem Ei.

ZUM BINDEN

Ein paar Esslöffel Mehl. Das funktioniert zum Beispiel gut in Bratlingen oder Kartoffelpuffern.

FÜR TROCKENERE RÜHRKUCHEN, KEKSE

Sojamehl vermischt mit Wasser. Das Mehl enthält viel Eiweiß, wodurch es gut als Ei-Ersatz funktioniert. Ich verwende 2 EL Sojamehl in 2 EL Wasser gemischt als Ersatz für ein Vollei.

VIELSEITIG ZUM BACKEN ODER AUCH FÜR BURGER-PATTYS

Das Leinsamen- oder Chia-Ei. Um ein Ei zu ersetzen, werden hier jeweils 1 EL Samen mit 3 EL Wasser vermischt und 15 Minuten quellen gelassen.

FÜR FLUFFIGE TEIGE WIE PANCAKES ODER WAFFELN

Hier gebe ich gerne etwas mehr Backpulver in den Teig. Noch luftiger wird es, wenn du einen Teil der Flüssigkeit mit Sprudelwasser ersetzt.

STATT EISCHNEE

Kichererbsen-Wasser (auch Aquafaba genannt) lässt sich genauso wie Eiweiß aufschlagen. So kannst du es für verschiedenes Gebäck verwenden. Allerdings solltest du darauf achten, ungesalzene Kichererbsen zu kaufen, da das Gebäck ansonsten etwas zu salzig werden könnte. 50 ml entsprechen einem Eiweiß.

LIFE HACK

BROT EINFRIEREN

Wenn du mal zu viel Brot gekauft oder gebacken hast, kannst du es in Scheiben geschnitten einfrieren. So kannst du immer genau die Menge, die du brauchst, **FRISCH** aus dem Gefrierfach holen und für ein paar Minuten aufbacken.

TOMATEN NACHREIFEN LASSEN

LIFE HACK

Gerade zum Ende der Saison hängen oft noch einige grüne Tomaten am Strauch. Diese kannst du einfach in eine Papiertüte geben und so bei Zimmertemperatur **NACHREIFEN** lassen. Aber nur Tomaten ohne Risse oder Druckstellen, sonst könnte es Schimmel geben!

LIFE HACK

WELKE SALATE WIEDER FRISCH MACHEN

Salate oder Kräuter, die etwas labbrig geworden sind, kannst du einfach in kaltes Wasser legen. Sie nehmen die **FLÜSSIGKEIT** auf und sind nach ein paar Stunden wieder schön knackig.

KNACKIGE KAROTTEN

Auch Karotten lassen sich in einer Schale mit kaltem Wasser wieder frisch machen. Um aber von Anfang an zu verhindern, dass sie weich werden, kannst du sie auch direkt im Wasser LAGERN. Das Wasser sollte dabei alle paar Tage ausgetauscht werden.

LIFE HACK

ZWEITES LEBEN FÜR SCHRUMPELGEMÜSE

LIFE HACK

Nicht mehr ganz so frisches Gemüse kannst du sehr gut für Brotaufstriche verwenden. Einfach mit ein bisschen Olivenöl und Gewürzen für 20 Minuten im Ofen ANRÖSTEN und dann pürieren. Für eine festere Konsistenz und mehr Proteine kannst du noch Linsen, Bohnen oder Tofu dazugeben.

LIFE HACK

RESTE VON BROTAUFSTRICH ODER FRISCHKÄSE

Für Nudelsoßen oder Eintöpfe kannst du die Reste noch super verwenden. Einfach mit Nudelwasser oder Pflanzenmilch VERMISCHEN oder in den Eintopf einrühren. Falls nur noch wenig Aufstrich übrig ist, kannst du ihn einfach als Gewürz hinzugeben.

3 WEGE ZU SELBST GEMACHTER PFLANZENMILCH

VARIANTE 1

Für die meisten Pflanzenmilchsorten werden Nüsse, Samen oder Getreide für einige Stunden eingeweicht, dann mit Wasser in den Mixer gegeben und abgesiebt. Diese Variante kostet also ein bisschen Zeit, ist dafür aber die preisgünstigste.

ZUTATEN FÜR CA. 600 ML PFLANZENMILCH

- 125 g Nüsse, Getreide oder Samen
- 500 ml Wasser

1 Nüsse, Getreide oder Samen in eine Schüssel mit Wasser geben und über Nacht einweichen lassen.

2 Am nächsten Morgen abgießen und mit 500 ml Wasser in den Mixer geben.

3 Durch ein sehr feines Sieb oder ein Baumwolltuch absieben und in eine Flasche füllen.

Die selbstgemachten Pflanzenmilch-Sorten halten im Kühlschrank etwa **2–5 TAGE**. Du kannst sie auch **VORBEREITEN** und **EINKOCHEN**, um sie haltbar zu machen – doch sie frisch zu machen, geht so schnell, dass das eigentlich nicht nötig ist.

VARIANTE 2

Diese Variante ist zwar etwas teurer, aber dafür dauert sie keine 5 Minuten.

ZUTATEN FÜR CA. 600 ML PFLANZENMILCH

- 125 g Nussmus
- 500 ml Wasser

1 Nussmus mit Wasser in den Mixer geben, danach in eine Flasche füllen.

VARIANTE 3

Der Sonderfall – Sojamilch. Sojamilch ist im rohen Zustand unverträglich, deswegen muss die Milch nach dem Mixen noch gekocht werden.

ZUTATEN FÜR CA. 600 ML PFLANZENMILCH

- 100 g Sojabohnen
- 500 ml Wasser

1 Die Sojabohnen über Nacht einweichen, am nächsten Morgen abgießen und mit 500 ml Wasser in den Mixer geben.

2 Die Milch durch ein feines Sieb oder Baumwolltuch gießen.

3 Dann in einem Topf für ca. 15 Minuten kochen lassen. Falls die Milch dabei zu sehr eindickt, kannst du einfach noch etwas mehr Wasser hinzugeben.

VEGANER JOGHURT OHNE JOGHURTBEREITER

Veganen Joghurt selbst zu machen, ist ganz einfach und du brauchst dafür auch keinen extra Joghurtbereiter. Ich verwende einfach eine Thermosflasche, die ich sowieso schon zu Hause hatte. Alternativ kann der Joghurt auch in einer Kühltasche oder im Ofen zubereitet werden.

ZUTATEN

- 500 ml Sojamilch
- Joghurtkulturen (ich verwende Kulturen aus probiotischen Kapseln, 4 Stück) oder 2 EL gekaufter Soja-Naturjoghurt
- Schraubgläser oder Thermoskanne

Am besten funktioniert diese Methode mit SOJAMILCH. Um Joghurt aus HAFER- ODER MANDELMILCH zu machen, muss die Milch als erstes mit 1 TL Agar-Agar aufgekocht werden. Dann wird sie auf 40 °C abgekühlt, die weiteren Schritte entsprechen der Zubereitung aus Sojamilch.

ANLEITUNG

1 Zuerst die Pflanzenmilch auf 40 °C erhitzen.

2 Jetzt die Joghurtkulturen oder den gekauften Joghurt einrühren.

3 Die Milch in Schraubgläser abfüllen. Diese in einen isolierten Behälter geben – das kann eine Kühltasche sein oder auch eingewickelt in eine Decke oder ein Handtuch in eine Kiste legen. In die Kiste kannst du auch noch eine 40 °C warme Wärmflasche dazugeben. Eine weitere Möglichkeit ist es, den Ofen auf 40 °C zu erwärmen (dafür reicht in der Regel die Ofenlampe) und die Gläser dann hineinzustellen.

ODER

Die Milch in eine Thermoskanne füllen. Auch die Thermoskanne kann zusätzlich mit einem Geschirrtuch umwickelt werden.

4 Jetzt muss der Joghurt für 8 Stunden ruhen und sollte in dieser Zeit nicht bewegt werden.

5 Nach 8 Stunden sollte der Joghurt schon cremig sein. Jetzt kommt er noch für 12 Stunden in den Kühlschrank – hier bekommt er noch mehr Festigkeit. Ich gieße ihn dafür aus der Thermoskanne in ein Schraubglas, damit er später leichter zu entnehmen ist.

VEGANER FRISCHKÄSE AUS CASHEWS

Gekaufter veganer Frischkäse besteht oft hauptsächlich aus Öl, Stärke und weiteren Verdickungsmitteln. Wir können aber auch aus simplen vollwertigen Zutaten Frischkäse ganz nach dem eigenen Geschmack selbst machen.

ZUTATEN

- **200 g Cashews**
- **80 g Soja-Naturjoghurt**
- **4 EL Zitronensaft**
- **½ TL Salz**

Das Rezept gibt eine Basis, die sich super ABWANDELN lässt. Du kannst zum Beispiel KRÄUTER, KNOBLAUCH oder ZWIEBELN hinzufügen, aber auch BEEREN für eine süße Variante (hierbei das Salz weglassen).

ANLEITUNG

1 Die Cashews entweder für 30 Minuten in heißem Wasser oder über Nacht in kaltem Wasser einweichen.

2 Danach abgießen und mit den anderen Zutaten in einen Mixer geben und cremig pürieren.

3 Abschmecken, in ein Glas füllen und bis zu 5 Tage im Kühlschrank aufbewahren.

KUCHENGLÜCK

Falls von einem Geburtstag noch Kuchen **ÜBRIG** ist, kannst du diesen mit Sirup frisch halten. Einfach ein bisschen davon auf den Teig träufeln, damit er nicht austrocknet. Alternativ dazu können viele Kuchen auch eingefroren werden!

LIFE HACK

ERNTEN ERLAUBT

LIFE HACK

Wenn du keinen eigenen Garten zur Verfügung hast, schau mal bei **MUNDRAUB** vorbei. Das ist eine Plattform, auf der Obstbäume, Nuss- oder Beerensträucher aus der Umgebung verzeichnet sind, die auf öffentlichem Grund stehen und problemlos von jedem geerntet werden dürfen.

LIFE HACK

NICE-CREAM

Zu viele Bananen gekauft und sie sind schon etwas überreif? Dann kannst du sie ganz einfach einfrieren und daraus **BANANEN-EISCREME** machen. Dafür gibst du die gefrorenen Bananen einfach in den Mixer und mischst sie noch mit Kakaopulver oder Beeren. Eine schnelle und gesunde Erfrischung!

FARBE BEKENNEN

Mit einigen Lebensmittelresten lassen sich Stoffe einfärben, zum Beispiel ein selbst gebatiktes T-Shirt oder ein Baumwollbeutel. Die SCHALEN von gelben Zwiebeln erzeugen eine gelbliche Farbe, die von roten einen Orange-/Rosaton. KURKUMA erzeugt ein kräftiges Gelb-Orange und ROTE BETE ein zartes Rosa. Mit SCHWARZEM TEE oder KAFFEE lassen sich Brauntöne färben und auch AVOCADOSCHALEN und -kerne können zum Färben verwendet werden – hier entsteht wieder Rosa.

Die Lebensmittelreste werden jeweils im Verhältnis 1:4 mit Wasser vermischt und 2 Stunden aufgekocht. Danach wird die Flüssigkeit abgesiebt und der Stoff in die Flüssigkeit gelegt. Für eine Stunde bei niedriger Hitze ziehen lassen und immer wieder umrühren. Am intensivsten wird das Ergebnis, wenn der Stoff danach 8-12 Stunden in der Flüssigkeit DURCHZIEHEN kann. Danach ausspülen und zum Fixieren erst eine Stunde in einer Essig-Wasser Mischung (1:1) einweichen, dann nochmal ausspülen und trocknen lassen.

VERSALZEN

Die Soße oder Suppe ist zu salzig geworden? Kein Grund sie wegzuwerfen! Gib einfach eine rohe, GESCHÄLTE KARTOFFEL dazu und lass sie für 10 Minuten mitkochen. Sie nimmt das Salz auf und kann danach einfach herausgenommen werden.

VEGANE KOCHSAHNE AUS SONNENBLUMEN-KERNEN, CASHEWS ODER AUS NUSSMUS

Diese drei veganen Sahne-Varianten eignen sich für alle cremigen Gerichte: eine Pilzpfanne, eine sahnige Soße zu Nudeln oder auch, um Suppen ein bisschen sämiger zu machen.

VARIANTE 1: AUS SONNENBLUMENKERNEN

ZUTATEN FÜR CA. 200 ML

- 50 g Sonnenblumen-kerne
- 150 ml Wasser
- etwas Salz

1 Alle Zutaten zusammen in den Mixer geben. Die Sahne wird noch cremiger, wenn die Sonnenblumenkerne zuerst eingeweicht werden. Bei einem starken Mixer ist das aber nicht notwendig.

2 Direkt verwenden oder 2–3 Tage im Kühlschrank aufbewahren.

VARIANTE 2: AUS CASHEWKERNEN

ZUTATEN FÜR CA. 150 ML

- 50 g Cashews
- 100 ml Wasser
- etwas Salz

1 Cashews für 30 Minuten in heißem oder über Nacht in kaltem Wasser einweichen.

2 Abgießen und mit dem frischen Wasser im Mixer cremig pürieren.

3 Direkt verwenden oder 2–3 Tage im Kühlschrank aufbewahren.

VARIANTE 3: AUS MANDEL- ODER CASHEWMUS

ZUTATEN FÜR CA. 150 ML

- 3 EL Nussmus
- 100 ml Wasser
- etwas Salz

1 Nussmus, Wasser und Salz zusammen in den Mixer geben.

2 Direkt verwenden oder 2–3 Tage im Kühlschrank aufbewahren.

HERZHAFTER TOFU-PAPRIKA-AUFSCHNITT

Dieser Aufschnitt eignet sich super für Sandwiches, kann aber auch klein geschnitten und angebraten für verschiedene Gerichte verwendet werden.

ZUTATEN

- 100 g Naturtofu
- 2 EL Tomatenmark
- 2 EL Sojasauce
- 1 TL Paprika
- 1 TL Pfeffer
- 1 Knoblauchzehe
- 3 EL Seitan-Pulver

Auch hier kann man die **GEWÜRZE** ganz einfach abwandeln, um verschiedene Sorten zu kreieren. Nur die Menge an trockenen und **FLÜSSIGEN ZUTATEN** sollte etwa **GLEICH** bleiben, um die Konsistenz nicht zu verändern. Ich mache den Aufschnitt gerne so, dass man ihn mit etwas Druck auch streichen kann. Wer einen **FESTEREN AUFSCHNITT** möchte, gibt einfach ein bisschen mehr Seitan-Pulver hinzu.

ANLEITUNG

1 Alle Zutaten bis auf das Seitan-Pulver zu einer glatten Masse pürieren.

2 Die Masse in eine Schüssel geben und das Seitan-Pulver unterrühren. Kneten, bis ein gleichmäßiger Teig entstanden ist.

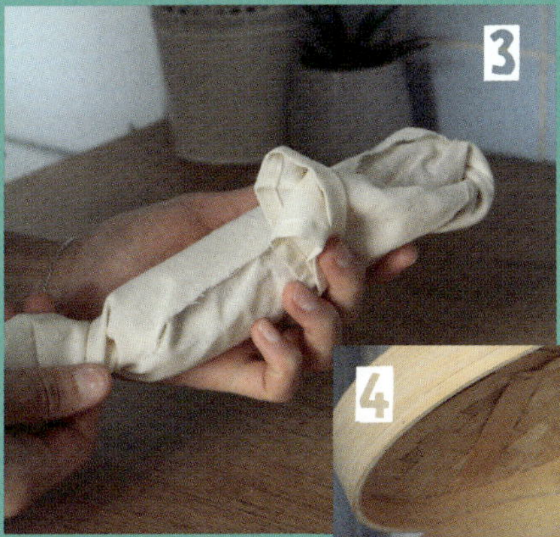

3 Den Teig zu einer Rolle formen und mit einem dünnen Baumwolltuch umwickeln.

4 Zum Schluss die Rolle für ca. 20 Minuten dämpfen und vor dem Schneiden abkühlen lassen.

SELBST-VERSORGUNG

WIE KANN SELBST-VERSORGUNG AUSSEHEN?

Nachdem wir am Anfang des Buches schon über Fakten zur Selbstversorgung gesprochen haben, bleibt jetzt die Frage: Was können wir tun? Mit welchen Lebensmitteln können wir uns selbst versorgen? Was ist leicht in den Alltag zu integrieren? Welche **Möglichkeiten** bietet ein kleiner Garten, welche ein Balkon oder eine Stadtwohnung ohne Platz im Freien?

Hast du einen **eigenen Garten,** solltest du dir als erstes überlegen, was genau du anbauen möchtest. Ein bisschen Gemüse, Salate und Kräuter in Hochbeeten? Eine große Menge Gemüse in mehreren Beeten am Boden? Soll es auch Beerensträucher und Obstbäume geben? Entscheidend ist natürlich auch der **Standort**: Wo scheint die Sonne hin und wo können Pflanzen wachsen, die es eher schattig mögen? Welche Möglichkeiten der Bewässerung gibt es? Danach folgen die konkrete Gartenplanung und das Anlegen der Beete.

In der Stadt stellt sich erst einmal die Frage: Möchte ich nur zu Hause etwas anbauen oder organisiere ich mir etwas mehr Anbaufläche außerhalb meiner Wohnung? In der Wohnung sind die Möglichkeiten natürlich begrenzt. Wer trotzdem gerne gärtnern möchte, hat mehrere Alternativen: Zuerst kann man sich in der eigenen Nachbarschaft umschauen. Gibt es ungenutzte Gartenflächen, vielleicht sogar im eigenen Hinterhof? Oft gibt es auch **gemeinschaftliche** Gartenprojekte im Viertel, bei denen zusammen einige Beete gepflegt werden. Hier gärtnern und ernten entweder alle gemeinsam oder jeder bekommt einen Abschnitt für sich, auf dem man anpflanzen kann, was man möchte. Der Vorteil bei dieser Variante ist, dass du direkt mit anderen in Kontakt stehst, schnell Hilfe bekommst, wenn du mal nicht weiter weißt und auch immer eine Vertretung findest, falls du in den Ur-

laub fährst und dich in der Zeit nicht um das Gemüse kümmern kannst.

Die nächste Alternative habe ich schon öfters selbst genutzt und kann sie jedem empfehlen, der trotz Stadtwohnung größere Mengen Gemüse anpflanzen möchte: der **Saisongarten.** Hier bekommst du für eine Saison einen Abschnitt auf einem größeren Feld zugeteilt. In der Regel wird das Feld von der Landwirtin oder dem Landwirt vorbereitet und schon mit einigen Gemüsesorten bestückt. Nach dieser **Starthilfe** musst du dich dann selbst weiter darum kümmern – mit allem, was dazu gehört: Unkraut jäten, umgraben, wässern, düngen und natürlich ernten. Bei den Anbietern, bei denen ich einen Saisongarten gemietet habe, gab es auch immer einen unbepflanzten Bereich, auf dem man von Anfang an komplett selbst entscheiden konnte. An diesem Konzept finde ich besonders schön, dass es ausgebildete Ansprechpartner gibt, die auch immer wieder im Garten vorbeischauen und passende Tipps zu den aktuellen Gegebenheiten geben. Auch hier kommt man schnell mit den Mitgärtnern in Kontakt und kann sich gegenseitig bei der Pflege der Pflanzen **unterstützen**. Der Arbeitsaufwand ist keineswegs zu unterschätzen! Im Gegenzug kannst du hier aber sehr viel Gemüse ernten. Solche Saisongärten gibt es eigentlich in jeder größeren Stadt (in der Regel immer etwas außerhalb gelegen), von verschiedenen Anbietern – die Weblinks findest du auf Seite 157.

Abgesehen vom Obst- und Gemüseanbau können wir aber auch andere Lebensmittel **selbst herstellen,** anstatt auf Industrieprodukte zurückzugreifen. Das Schöne hierbei ist, dass wir die komplette Kontrolle darüber haben können, welche Zutaten in unser Essen wandern, wo sie herkommen und unter welchen Bedingungen sie produziert wurden. So können wir **gesundes** Essen kochen ohne Konservierungsmittel, Geschmacksverstärker oder sonstige Zusatzstoffe. Zu wissen, wie Brot gebacken, Nudeln hergestellt oder Fertigprodukte durch selbst gemachte ersetzt werden können, macht uns unabhängig und spart in den meisten Fällen auch Geld und eine Menge Verpackungsmüll ein. So können wir unser Essen noch ökologischer und fairer gestalten.

SPROSSEN & MICROGREENS

Auch wenn du keinen eigenen Garten oder Balkon hast, kannst du trotzdem etwas selbst anpflanzen: nämlich Sprossen und Microgreens! Die schmecken nicht nur richtig gut, sondern sind auch besonders nährstoffdicht. Noch dazu lassen sich Sprossen das ganze Jahr über auf der Fensterbank züchten, sind also ein super Vitamin-Boost für die kälteren Monate!

ACHTUNG: Die meisten Sprossen können roh gegessen werden – doch alles, was aus Hülsenfrüchten gezogen wird (Kichererbsen, Linsen usw.), sollte vor dem Verzehr erhitzt werden.

AUSRÜSTUNG FÜR SPROSSEN

- ein Sprossenglas mit einem feinen Siebdeckel
- ein Gestell zum Abtropfen
- Samen, die für das Sprossenglas geeignet sind (z. B. Alfalfa, Brokkoli, Mungbohnen, Radieschen, Rettich)

Als **DIY-SPROSSENGLAS** kannst du ein einfaches Marmeladenglas mit einem durchlöcherten Deckel verwenden. Das eignet sich aber nur für größeres Saatgut. Wenn du regelmäßig Sprossen ziehen möchtest, besorgst du dir am besten ein fertiges Sprossenglas im Biomarkt.

ANLEITUNG

2

3

1 Das Sprossenglas gründlich mit heißem Wasser reinigen.

2 Für ein 750-ml-Glas 2–3 EL Samen (genaue Menge siehe Packung) in das Glas geben und mit Wasser bedecken. Über Nacht einweichen lassen. Am nächsten Tag abgießen und im Glas zweimal mit Wasser durchspülen.

3 Für die nächsten 4–7 Tage die Samen jeweils morgens und abends im Glas mit frischem Wasser durchspülen. Danach kommt das Sprossenglas auf das Abtropfgestell.

4 Die Sprossen sind je nach Sorte nach 5–7 Tagen erntereif.

4

AUSRÜSTUNG FÜR MICROGREENS

- Kressesieb/Kresse-Igel o. Ä.
- Sprühflasche
- Samen, die für das Kressesieb geeignet sind (z. B. Kresse, Rucola, Basilikum, Senf)

1 Das Kressesieb gründlich mit heißem Wasser reinigen. Ca. 2 EL der Samen in eine Schüssel mit Wasser geben und für 15 Minuten einweichen lassen.

2 Die eingeweichten Samen gleichmäßig auf dem Sieb verteilen und bis zur Keimung mit einem transparenten Deckel abdecken.

2

3 Morgens und abends mit der Sprühflasche mit frischem Wasser einsprühen. Wasser, das sich unten in der Schale sammelt, abgießen.

3

4 Nach 5–7 Tagen sind die Microgreens erntereif.

OBST UND GEMÜSE FÜR DIE FENSTERBANK

Auch verschiedenste Obst- und Gemüsesorten können auf der Fensterbank gezogen werden. Was du hier anpflanzen kannst, hängt ein bisschen von der Größe der Fensterbank ab.

HIER EINIGE MEINER FAVORITEN, DIE TEILWEISE AUCH GERADE BEI MIR ZU HAUSE WACHSEN:

Pflücksalat

Pflücksalat passt super in einen einfachen Balkonkasten. Entweder als eine Sorte oder als Salatmischung. Hier gibt es auch „Saatbänder" zu kaufen, auf denen die Samen schon im richtigen **Abstand** zueinander aufgebracht sind. Aber auch selbst aussäen ist nicht schwer. Falls doch etwas zu viele Samen in die Erde gestreut wurden, kannst du die schwächeren Pflanzen **herauszupfen** und den anderen so mehr Platz zum Wachsen geben. Pflücksalat ist recht anspruchslos und muss nur regelmäßig gegossen werden. So kannst du über mehrere Wochen hinweg immer die äußeren Blätter abernten und das ganze Jahr über frischen Salat genießen.

Spinat

Auch Spinat lässt sich super in einem Balkonkasten oder einem kleinen Blumentopf pflanzen. Je nach Jahreszeit gibt es unterschiedliche Spinat-Sorten, die sich für den Anbau im jeweiligen **Zeitraum** besser eignen. So ist z. B. die Sorte „Thorin" für den Frühling und Herbst geeignet, während „Verdil" auch durch den Winter hindurch angebaut werden kann. Darauf kannst du also schon beim Kauf achten. Ansonsten braucht aber auch der Spinat auf der Fensterbank, wie der Pflücksalat, nur wenig Pflege. Er sollte **nicht zu eng** stehen, regelmäßig gegossen werden und dann kannst du auch hier die äußeren Blätter über längere Zeit abernten. Ob du die Blätter auswachsen lässt oder klein als „Babyspinat" erntest, ist dir selbst überlassen.

Rucola

Ebenfalls passend für den Balkonkasten und auch sehr pflegeleicht, ist Rucola. Vor allem im Sommer ist Rucola perfekt für alle möglichen Salate. Wir schneiden sie einfach knapp über der Erde ab und nach ein paar Wochen ist sie auch schon wieder **nachgewachsen**. So lässt Rucola sich mehrmals ernten, bevor neu ausgesät werden muss.

Kräuter

Küchenkräuter wie Basilikum, Minze, Oregano oder Schnittlauch sind wohl der Klassiker für die Fensterbank. Wenn sie wirklich lange halten sollen, würde ich aber empfehlen, nicht auf die gekauften Töpfe aus dem Supermarkt zurückzugreifen, sondern die Kräuter selbst zu ziehen. Alternativ solltest du die **gekauften Kräuter** möglichst schnell umtopfen. In der Regel sind sie nämlich viel zu eng gesät und stehen in Erde, die nur schlecht Wasser aufnehmen kann. Das führt dazu, dass sie sehr schnell eingehen. Wenn du diesen einfachen Punkt beachtest, kannst du aber sehr lange Freude an den Kräutern haben. Und falls mal eine größere Ernte anfällt, trocknen wir sie gerne oder frieren sie fertig geschnitten ein – so haben wir immer einen guten Kräutervorrat zu Hause.

Erdbeeren

Kiloweise Erdbeeren wird man auf der Fensterbank wohl nicht züchten können, aber ein paar kleine Pflanzen wachsen auf jeden Fall gut im Balkonkasten. Sie brauchen nicht viel Platz und auch nicht sonderlich viel Pflege. Besonders schön finde ich auch, dass die Pflanzen **mehrjährig** sind – es ist immer toll zu sehen, wie sie nach dem Winter wieder langsam ans Licht kommen.

Radieschen

Das Schöne an Radieschen ist, dass sie sehr schnell wachsen. Von der **Aussaat** bis zur Ernte dauert es in der Regel nur 4 Wochen. Bei der Aussaat ist es nur wichtig, sie nicht zu eng aneinander zu säen, sonst können sie keine große Wurzel ausbilden.

Tomaten

Noch ein Gemüse, das auch auf der Fensterbank für sehr viel Freude sorgt. Bei uns wächst auch immer mindestens eine Tomatenpflanze in einem etwas größeren Topf. Dabei solltest du nur darauf achten, eine

Sorte zu wählen, die nicht allzu groß wird. Im Gartencenter bekommt man oft schon vorgezogene Pflanzen, die mit „Balkontomate“ gekennzeichnet sind. Diese eignen sich perfekt und brauchen nur einen sonnigen Platz, ausreichend Wasser und über den Sommer, je nach Erde, auch etwas Dünger.

Paprika und Chili

Für diese beiden gilt in etwa das gleiche wie für Tomaten. Kleine Sorten auswählen und auf einer sonnigen Fensterbank platzieren. Außerdem mögen es alle drei schön warm, also sollten sie erst nach draußen wandern, wenn die Temperaturen nachts nicht mehr unter 12 Grad absinken.

GÄRTNERN AUF DEM BALKON

Was auf der Fensterbank wächst, lässt sich natürlich auch auf dem Balkon anpflanzen. Aber abgesehen von den bisher genannten Sorten, sind die Möglichkeiten hier wesentlich größer.

Kürbis

Was mich selbst am meisten überrascht hat: Selbst Kürbisse kann man auf dem Balkon großziehen. Dafür gibt es extra „Mini“-Sorten, die wunderbar in einem großen Topf wachsen können. Die Pflanze rankt dann über den Rand hinaus und mag es warm und sonnig. Ohne Vorziehen kann man die Kürbisse deswegen auch erst im Mai aussäen.

Möhren

Auch hier ist es wichtig, auf kleinere Sorten zurückzugreifen. Der Topf sollte mindestens 15 cm tief sein, die Breite hängt davon ab, wie viele Möhrenreihen es werden sollen. Bis zur Keimung sollte die Erde immer feucht gehalten werden und dann steht einer guten Ernte nichts mehr im Weg.

Zuckererbsen

Noch einer meiner absoluten Favoriten! Zuckererbsen wachsen sehr schnell und brauchen, abgesehen von einer Rankhilfe, nicht viel Aufmerksamkeit. Noch dazu sehen die Blüten auch **richtig hübsch** aus. Am meisten wirst du von den Pflänzchen haben, wenn du sie im Abstand von ein paar Wochen mehrmals aussäht. So hast du die ganze Zeit Pflanzen, von denen du ernten kannst.

Grünkohl

In einem großen Topf und gut gedüngter Erde wächst Grünkohl auf dem Balkon richtig gut. Falls du genug Platz für ein Hochbeet hast, fühlt er sich auch hier sehr wohl. Grünkohl mag es eher **halbschattig**, daher ist er auch für Balkone geeignet, die nicht so viel Sonne abbekommen. Eine Grünkohlpflanze wird außerdem ziemlich groß, daher würde ich nicht mehr als eine pro Topf einpflanzen.

Mangold

Wächst sehr gut in einem Balkonkasten oder auch einzeln in einem etwas größeren Topf. Am liebsten mag ich den „Regenbogen-Mangold". Der sieht sowohl auf dem Balkon als auch später im Gericht richtig klasse aus. Mangold sollte **nicht zu dicht** gesät werden – ansonsten ist er sehr pflegeleicht. Ich empfehle die Pflanze nie komplett zu ernten, sondern immer nur die äußeren Blätter. So hält sie sich den ganzen Sommer bis in den Herbst hinein.

Kohlrabi

Kohlrabi hat eine lange Saison und wächst von der Aussaat schnell zum fertigen Gemüse heran, was ihn zu einem besonders schönen Gemüse für den Balkon macht. Hier kann man alle paar Wochen **neue Pflanzen** heranziehen, um immer frischen Kohlrabi ernten zu können. Wichtig ist dabei nur, dass jede einzelne Pflanze ca. 20 cm Platz zur nächsten hat. Dünger braucht Kohlrabi nur wenig, dafür aber reichlich Wasser.

Rote Bete

Lässt sich super in einem Balkonkasten oder einem Hochbeet heranziehen. Auch auf dem Balkon kann sie über einen langen Zeitraum hinweg geerntet werden. Die Samen sollten nicht zu dicht aneinander ausgesät und nach der Keimung eventuell vereinzelt werden. So hat jede Pflanze **genug Platz**, um zu einer großen Knolle heranzuwachsen. Ich ernte immer die größten Knollen zuerst, so können die anderen den freigewordenen Platz nutzen, um weiter zu wachsen.

Zwiebeln

Egal ob weiße, rote oder Frühlingszwiebeln: sie alle können auf dem Balkon angebaut werden. Für Frühlingszwiebeln reicht ein kleiner Topf. Hier musst du auch nie die ganze Pflanze ernten, sondern kannst einfach immer wieder so viel **vom Grün** abschneiden, wie du gerade benötigst.

Große Zwiebeln benötigen einen größeren Topf oder ein Hochbeet. Hier brauchen die Zwiebeln nach der Aussaat viel Sonne und am besten immer feuchte Erde. Dünger brauchen sie aber nicht und sind insgesamt sehr pflegeleicht.

Kartoffeln

Und sogar Kartoffeln kann man auf dem Balkon anpflanzen. Hierfür eignen sich Hochbeete, tiefe Töpfe, alte Metallwannen oder auch Pflanzsäcke für Kartoffeln. Es gibt hierfür auch extra angefertigte Pflanzgefäße, die das Anbauen und **Ernten erleichtern**, aber nicht unbedingt notwendig sind. Bei Kartoffeln ist es wichtig, dass sie immer komplett mit Erde bedeckt sind. Falls die Knollen ans Licht kommen, werden sie grün und entwickeln Giftstoffe. Außerdem sollte das Pflanzgefäß so beschaffen sein, dass überschüssiges Wasser unten abfließen und nichts faulen kann. Ansonsten braucht die Kartoffel nicht viel Pflege und muss auch nicht gedüngt werden.

RICHTIGE LAGERUNG

LIFE HACK

Möhren und anderes Wurzelgemüse halten besonders lange, wenn sie in Sand gelagert werden. Dafür gibt man den leicht FEUCHTEN SAND in eine Kiste und stellt das Gemüse aufrecht (Wurzel nach unten) in den Sand hinein.

DAS GRÜN MUSS WEG!

LIFE HACK

Einige Gemüsesorten betreiben weiter PHOTOSYNTHESE, wenn ihre Blätter nicht entfernt werden. Deswegen sollten Rote Bete, Kohlrabi, Radieschen und Möhren am besten ohne das Grün gelagert werden. Bei anderen wiederrum, wie zum Beispiel beim Mais, sollten die Blätter drangelassen werden.

FEUCHT GEWICKELT

Salate, Mangold und Spinat sind generell nicht lange haltbar und sollten immer im Kühlschrank AUFBEWAHRT werden. Damit sie länger frisch bleiben, kann man sie locker in ein feuchtes Tuch einwickeln.

ABSTAND WAHREN

Obst und Gemüse, das außerhalb des Kühlschranks GELAGERT wird, sollte vor allem luftig liegen und möglichst nicht gestapelt werden. Am besten geeignet sind hierfür breite Schalen oder Körbe aus Draht.

NICHT SAUBER MACHEN!

Kartoffeln halten länger, wenn nach der Ernte die Erde nicht abgewaschen wird. Damit sie nicht von zu viel Erde bedeckt sind, sollte man die Kartoffeln die Tage vor der Ernte am besten NICHT MEHR GIESSEN und sie auch nicht an einem Regentag ernten. Einlagern solltest du die Kartoffeln erst, wenn sie komplett getrocknet sind – und natürlich auch nur die Exemplare, die keine Beschädigungen haben.

AUFGEHÄNGT

Um Kürbisse zu lagern, empfiehlt es sich, sie in Netzen aufzuhängen. So bekommen sie KEINE DRUCKSTELLEN und sind weniger anfällig für Schimmel oder Schädlinge.

UPCYCLING-IDEEN FÜR PFLANZKÜBEL

PFLANZWAND AUS EUROPALETTEN

Aus Europaletten kann man alle möglichen Möbel bauen. Und da bleibt der Garten nicht außen vor! Hochkant aufgestellt, können die einzelnen Ebenen bepflanzt werden. Dafür gibt es sogar extra PFLANZKÄSTEN zu kaufen, die genau in die Lücken der Palette hineinpassen. Man kann die Löcher aber auch von unten mit einem HOLZBRETT verschließen und die so entstandenen Pflanzkästen mit einer Plastikfolie auskleiden, um das Holz zu schützen.

ALTE MÖBEL FÜR PFLANZEN VERWENDEN

Auch hier gibt es viele Möglichkeiten! So kannst du zum Beispiel die SCHUBLADEN EINER KOMMODE mit Plastikfolie auslegen, mit Erde füllen und bepflanzen. In einen alten Tisch kannst du ein Loch sägen und eine Metallwanne hineinsetzen, um so ein SELBST GEMACHTES HOCHBEET zu bekommen. Auch von einem Stuhl kannst du (je nach Modell) die Sitzfläche entfernen oder ein Loch hineinsägen und ebenfalls einen Blumentopf hineinsetzen.

BADEWANNE BEPFLANZEN

Sehr gut lässt sich eine alte Badewanne mit Erde füllen und als Pflanzgefäß nutzen. Falls die Wanne NICHT ÜBERDACHT steht, solltest du unten einige Löcher hineinbohren, damit Regen- und überschüssiges Gießwasser abfließen kann.

DEFEKTES GESCHIRR ALS PFLANZTOPF VERWENDEN

Wenn mal eine Tasse oder eine Schüssel einen Sprung bekommt, kannst du sie noch super als Pflanzgefäß benutzen. Größere Risse können mit KERAMIKKLEBER verschlossen werden und dann muss das Geschirr nur noch mit Erde und Pflanze befüllt werden.

BEPFLANZTE SCHUBKARRE

Das Rad der alten Schubkarre ist abgefallen? Macht nichts, sie kann noch super als Pflanzkübel genutzt werden! Egal ob mit Blumen bepflanzt oder als kleines Hochbeet mit Kräutern – sie ist ein SUPER HINGUCKER im Garten. Auch hier sollten ein paar kleine Löcher in den Boden der Schubkarre gebohrt werden, damit es nicht zu Staunässe kommt.

ZWEITES LEBEN FÜR HOLZKISTEN

Sowohl Obst- als auch Weinkisten lassen sich gut mit Folie auskleiden und so als PFLANZBOX verwenden. Aufgrund ihrer Größe sind sie auch klasse geeignet, um daraus kleine Hochbeete für den Balkon zu bauen.

SAUERTEIG – ANSTELLGUT SELBST ANSETZEN

Sauerteig ansetzen und pflegen ist gar nicht schwer. Wenn man sich richtig um ihn kümmert, hält er ewig und man kann immer wieder frisches Brot mit ihm backen. Alles, was man braucht, sind Mehl, Wasser und ein sauberes Gefäß.

DU BRAUCHST

- 200 g Roggenvollkornmehl
- 200 ml Wasser
- Glas mit Deckel

Falls das Anstellgut noch nicht so gut aufgeht, kannst du den letzten Schritt noch mehrere Male wiederholen. AM ANFANG ist das Anstellgut generell aber noch nicht so triebstark, deswegen solltest du bei den ersten Broten noch ein kleines bisschen HEFE hinzugeben. Nach ein paar Wochen reicht der Sauerteig allein aber zum Backen aus.
Für 500G MEHL benötigt man etwa 75G ANSTELLGUT, der Rest kann im Kühlschrank aufbewahrt werden.

ANLEITUNG

1 Als erstes das Glas und alle verwendeten Löffel oder Messbecher heiß spülen.

2 Dann 50 g Roggenvollkornmehl und 50 ml Wasser gut in dem Glas verrühren. Leicht abgedeckt (Deckel nur auflegen, nicht richtig verschließen) bei Zimmertemperatur 24 Stunden stehen lassen.

3 Am nächsten Tag noch einmal 50 g Mehl und 50 ml Wasser hinzugeben. Sehr gründlich umrühren und dann wieder leicht abgedeckt 24 Stunden stehen lassen.

4 Der Teig sollte sich inzwischen verdoppelt haben und Bläschen bilden. Ich gebe den Teig dann in eine Schüssel, spüle das ursprüngliche Glas noch einmal durch und gebe dann 50 g des Teiges wieder ins Glas. Der Rest kann für andere Rezepte verwendet werden (z. B. für die Sauerteigcracker auf S. 84). Zum Teig im Glas kommen jetzt wieder 50 g Mehl und 50 ml Wasser. Auch hier einmal kräftig umrühren und dann leicht abgedeckt diesmal nur für 12 Stunden stehen lassen.

5 Jetzt gibst du den Teig wieder in eine Schüssel und spülst das Glas aus. Dann gibst du 10 g des Teiges wieder ins Glas und vermischst ihn mit 50 g Mehl und 50 ml Wasser. Jetzt muss der Teig noch einmal für 12 Stunden ruhen und dann ist das Sauerteig-Anstellgut fertig.

Q & A ZUM SAUERTEIG

WAS SIND DIE VORTEILE VON BROT AUS SAUERTEIG?

Mit Sauerteig zu backen, braucht zwar mehr Zeit im Vergleich zum Backen mit Hefe, aber dafür erhältst du Brot, das viel aromatischer ist. Außerdem hält Sauerteigbrot die Feuchtigkeit besser und ist so länger haltbar. Durch die lange Fermentation ist das Brot auch besser verträglich und einige Nährstoffe können vom Körper leichter aufgenommen werden.

WAS IST DER UNTERSCHIED ZWISCHEN SAUERTEIG UND ANSTELLGUT?

Das Anstellgut ist das Triebmittel für unser Sauerteigbrot. Dieses wird immer im Kühlschrank aufbewahrt und vor dem Backen wieder aufgefrischt. In den meisten Rezepten wird das (aufgefrischte) Anstellgut als Sauerteig bezeichnet, den eigentlichen Sauerteig setzen wir aber genau genommen erst mit dem Anstellgut an. Es wird also aufgefrischtes Anstellgut mit den restlichen Zutaten für das Brot vermischt und das ergibt dann den Sauerteig.

WELCHES MEHL VERWENDEN?

Sauerteig lässt sich eigentlich aus jedem Mehl herstellen. Am besten funktioniert es aber mit Roggen(vollkorn)mehl. Hier sind die meisten der benötigten Kulturen vorhanden.

WIE PFLEGT MAN DAS ANSTELLGUT?

Das Wichtigste zuerst: niemals das komplette Anstellgut in den Brotteig geben! Hebe immer zumindest einen kleinen Rest von 10–20 g auf, um die Kultur weiterzuzüchten. Diesen Rest in einem Schraubglas in den Kühlschrank stellen, hier kann er ein bis zwei Wochen stehen. Spätestens dann (besser aber einmal pro Woche) sollte das Anstellgut aufgefrischt werden.

Zum Auffrischen vermischst du 10 g Anstellgut aus dem Kühlschrank mit 50 g Mehl und 50 ml Wasser. Im Idealfall verwendest du immer das gleiche Mehl. Die Mischung lässt du leicht abgedeckt bei Zimmertemperatur stehen, bis sie sich verdoppelt hat und eine leichte Wölbung bildet. Dann kannst du sie zum Backen verwenden oder in den Kühlschrank zurückstellen.

WANN IST DER SAUERTEIG SCHLECHT?

Ob der Sauerteig schlecht ist, lässt sich sehr einfach und deutlich erkennen: Wenn er flauschig aussieht, hat er auf jeden Fall angefangen zu schimmeln und muss dann leider vollständig entsorgt werden. Das gleiche gilt auch für grüne, schwarze oder sonstige bunte Verfärbungen.

Bei Roggen- und Buchweizenmehl kann es zu einer ganz leichten rosa/roten Verfärbung kommen. Das kommt vor allem vor, wenn das Anstellgut schon zu lange nicht mehr gefüttert wurde, ist aber nicht weiter schlimm. Falls sich aber eine rote Schicht bildet oder rote Flüssigkeit ablagert, ist das Anstellgut schlecht geworden.

Abgesehen von der Optik, lässt sich der Zustand des Sauerteigs auch am Geruch bestimmen. Er sollte immer leicht sauer riechen. Wenn er mal länger nicht gefüttert wurde, riecht er sehr sauer oder auch schon leicht alkoholisch. Das ist aber noch absolut in Ordnung und heißt nur, dass er die nächsten Tage ein bisschen besser gepflegt werden muss. Wenn der Geruch aber deutlich unangenehm ist, ist das Anstellgut nicht mehr zu verwenden.

WAS, WENN SICH EINE DUNKLE FLÜSSIGKEIT AUF DEM ANSTELLGUT BILDET?

Auch das kann passieren, wenn das Anstellgut über eine längere Zeit nicht aufgefrischt wurde. Diese graue/dunkle Flüssigkeit nennt man auch „Fusel“ und sie ist nicht weiter schlimm. Manche kippen ihn lieber weg, andere rühren ihn einfach unter. Jedenfalls ist die Flüssigkeit kein Anzeichen dafür, dass der Sauerteig verdorben ist und er kann weitergeführt werden.

KANN MAN DEN SAUERTEIG HALTBAR MACHEN, FALLS MAN IN DEN URLAUB FÄHRT O. Ä.?

Hier gibt es zwei Möglichkeiten:

1. Das Anstellgut trocknen. Hierfür das aufgefrischte Anstellgut ganz dünn auf ein Backblech streichen und bei Zimmertemperatur trocknen lassen. Danach kannst du es im Mixer zu Pulver mahlen, das macht das Reaktivieren später einfacher. Das Pulver wird in einem Schraubglas aufbewahrt.

Um den Sauerteig wieder zu aktivieren, mischst du 10 g des Pulvers mit 20 g Mehl und 20 ml Wasser. Nach 12 Stunden sollten schon wieder Blasen zu sehen sein, dann kannst du noch einmal mit 75 g Mehl und 75 ml Wasser nachfüttern. Nach weiteren 12 Stunden ist das Anstellgut wieder einsatzbereit zum Backen.

2. Einen Sauerteig-Sitter organisieren. Falls du länger als 2 Wochen wegfährst, solltest du den Sauerteig am besten in Pflege geben. Er hat ja nur wenige Ansprüche: er benötigt nur einmal die Woche etwas Mehl und Wasser und einen Platz im Kühlschrank.

Natürlich kannst du den Sauerteig auch mit in den Urlaub nehmen.

KRÄUTER VERMEHREN MIT STECKLINGEN

Viele Kräuter wie zum Beispiel Minze, Oregano oder Rosmarin lassen sich durch Stecklinge vermehren. Hierfür schneidet man einfach einen **FRISCHEN TRIEB** ab und stellt ihn so lange in ein Glas mit Wasser, bis er **WURZELN** bildet. Nach etwa zwei Wochen können die Stecklinge dann eingepflanzt werden.

SELTENER GIESSEN!

Gerade zu Beginn denkt man im Garten oft: viel hilft viel. Aber tatsächlich ist es besser, die Pflanzen **EHER SELTEN**, dann aber kräftig zu gießen. So sind sie erst mal ausreichend versorgt, müssen aber, wenn der Boden trocknet, tiefere Wurzeln ausbilden, um nach **FEUCHTIGKEIT** zu graben. So werden sie auf Dauer widerstandsfähiger.

DIE RICHTIGE ZEIT ZUM GIESSEN

Auch wenn die Pflanzen mittags die Blätter hängen lassen, ist genau das eigentlich der falsche Zeitpunkt zum Gießen. Durch die **SONNENEINSTRAHLUNG** kann es zu Verbrennungen am Gemüse kommen. Besser ist es früh morgens zu gießen oder abends, wenn die Temperaturen etwas gesunken sind.

UNKRAUT ALS MULCH VERWENDEN

Generell hilft eine Mulchschicht, um die Pflanzen länger feucht zu halten und Wasser zu sparen. Hierfür kannst du Stroh oder Rindenmulch kaufen oder du nimmst ganz einfach das UNKRAUT, das vom Jäten übrig ist. Wichtig ist nur, dass dieses noch keine Blüten hat – ansonsten pflanzt du dir noch mehr davon ins Beet.

TOMATEN AUSGEIZEN

Für eine größere Tomatenernte hilft es, die „Geiztriebe" bei Tomaten zu entfernen. Das sind die Blätter, die in den Achsen zwischen Blatt und Stängel wachsen. Wenn sie entfernt werden, steckt die Pflanze WENIGER ENERGIE in die Ausbildung von Blättern und mehr in das Wachstum der Früchte.

VERPACKUNGEN NUTZEN, UM GEMÜSE HERANZUZIEHEN

Es gibt viele verschiedene Pflanztöpfe zu kaufen, um eigenes Gemüse vorzuziehen. Stattdessen kannst du aber auch Verpackungen nutzen, die du eh schon ZU HAUSE hast. Hierfür eignen sich zum Beispiel die Schalen von Pilzen, Tomaten oder Salat, Eierkartons, Joghurtbecher oder auch alte Milchpackungen.

EINFACHES DINKEL-MISCH-BROT FÜR JUNGEN SAUERTEIG

Dieses Brot lässt sich direkt mit neuem Sauerteig-Anstellgut backen. Wichtig ist, dass es innerhalb der letzten 12 Stunden gefüttert wurde und sich etwa verdoppelt hat. Da der Sauerteig noch nicht so triebstark ist wie ein älterer, wird etwas Hefe hinzugegeben.

ZUTATEN

- 70 g aufgefrischter Sauerteig
- 5 g frische Hefe
- 220 ml Wasser
- 200 g Dinkelmehl Type 630
- 200 g Weizenmehl Type 1050
- 1 TL Salz

Um sicherzugehen, dass das Brot fertig ist, kannst du gegen den Boden klopfen – wenn es sich HOHL anhört, dann ist das Brot FERTIG.

ANLEITUNG

2

1

1 Sauerteig und Hefe mit dem Wasser in einer Schüssel vermischen.

2 Mehl und Salz hinzugeben und den Teig für 10 Minuten kneten. Der Teig ist genug geknetet, wenn er sich leicht von der Schüssel löst bzw. nicht mehr zu sehr an den Händen klebt. Die Schüssel mit einem Tuch abdecken und den Teig 2½ Stunden gehen lassen.

3 Nach der Gehzeit den Teig auf der Arbeitsplatte von jeder Seite langziehen und zur Mitte falten. Das wird ein paar Mal wiederholt, bis der Teig mehr Festigkeit bekommt. Falls er zu sehr klebt, kannst du die Hände ein bisschen einmehlen. Es sollte aber nicht zu viel Mehl in den Teig eingearbeitet werden.

3

4

5

4 Jetzt den Teig in kreisförmigen Bewegungen über die Arbeitsplatte schleifen und zu einem Laib formen. Die Oberfläche sollte dabei auf Spannung kommen. Den Laib in eine nicht zu breite Schale geben und nochmals eine Stunde gehen lassen. Nach 30 Minuten den Ofen auf 230 °C vorheizen. Ich backe das Brot in einem gusseisernen Topf, der ebenfalls mit vorgeheizt wird. Du kannst aber auch einen anderen ofenfesten Topf oder eine Backform mit Deckel verwenden.

5 Den Topf aus dem Ofen holen, den Teig in den Topf stürzen (am besten auf Backpapier oder eine zurechtgeschnittene Backmatte) und mit etwas Wasser einsprühen. Wer möchte, kann ihn noch ca. 1 cm tief einschneiden, damit er im Ofen schön aufreißt. Dann mit Deckel in den Ofen schieben.

6 Nach 25 Minuten Backzeit den Deckel entfernen. Danach das Brot weitere 20–30 Minuten backen.

SCHNELLE KÖRNER-BRÖTCHEN MIT JUNGEM SAUERTEIG

Diese Brötchen brauchen nicht viel Zeit und halten durch den Anteil an dunkleren Mehlen länger satt. Perfekt für einen gesunden Start in den Tag!

ZUTATEN

- 100 g aufgefrischter Sauerteig
- 5 g frische Hefe
- 110 g Wasser
- 50 g Roggen-vollkornmehl
- 100 g Weizenmehl Type 1050
- 120 g Weizenmehl Type 550
- 1 TL Salz
- 2 Handvoll Körner nach Geschmack

Falls es morgens noch schneller gehen soll, kannst du die Brötchen auch auf VORRAT machen. Dafür backst du sie einfach nicht ganz fertig (nur ca. 10 Minuten) und FRIERST sie dann ein. So müssen sie nur noch 7–10 Minuten frisch aufgebacken werden.

ANLEITUNG

1 Sauerteig, Hefe und Wasser in einer Schüssel miteinander vermischen.

2 Dann das Mehl und Salz hinzugeben und gut vermischen. Wer möchte, kann dem Teig auch noch Gewürze hinzufügen. Den Teig 10 Minuten lang kneten. Mit der Rührmaschine knete ich hierfür auf der niedrigsten Stufe. Danach den Teig abgedeckt 2 Stunden gehen gelassen.

3 Nach der Gehzeit den Teig in vier gleich große Teile teilen und diese zu Brötchen formen. In eine Schüssel etwas Wasser geben und in eine weitere Schüssel die Körner. Die Brötchen werden zuerst kurz ins Wasser getaucht und dann in den Körnern gewälzt.

4 Den Ofen auf 200 °C vorheizen. Währenddessen die Brötchen auf ein Backblech geben und ca. 30 Minuten gehen lassen.

5 Die Brötchen in den Ofen schieben und für 15–20 Minuten goldbraun backen.

SAUERTEIG-PIZZA

Dieser Pizzateig ist eine bekömmliche Abwechslung zur üblichen reinen Hefe-Pizza. Der Sauerteig gibt dem Teig ein schönes Aroma und gleichzeitig eignet sich das Rezept super, um überschüssiges Anstellgut aufzubrauchen.

ZUTATEN

- **75 g aufgefrischter Sauerteig**
- **5 g frische Hefe**
- **300 ml Wasser**
- **250 g Weizenmehl Type 550**
- **230 g Weizenmehl Type 1050**
- **1 TL Salz**

ANLEITUNG

1 Sauerteig, Hefe und Wasser in einer Schüssel vermischen.

2 Danach das Mehl und das Salz dazugeben und gut verkneten. Der Teig muss lange geknetet werden, damit er richtig geschmeidig wird. Am besten geht das in der Rührmaschine. Wenn von Hand geknetet wird, hilft es, die Hände leicht anzufeuchten, damit der Teig weniger an den Händen klebt. Falls der Teig nicht aufhört zu kleben, lasse ihn 10 Minuten ruhen, bevor du ihn dann weiterknetest.

3 Nach dem Kneten den Teig zu einer Kugel formen und abgedeckt in einer Schüssel für ca. 2 Stunden oder bis er sich verdoppelt hat, gehen lassen.

4 Nach der Gehzeit den Teig in zwei gleich große Teile teilen. Dann den Teig nicht mit dem Nudelholz ausrollen, sondern nur mit den Händen in Form drücken und ziehen. So bleibt noch Luft im Teig und er geht beim Backen schön auf. Ich forme den Teig dabei so, dass er in der Mitte sehr dünn ist (nur wenige mm) und außen ein etwas dickerer Rand entsteht. Den Ofen auf 230 °C vorheizen.

5 Den Teig zuerst ohne Belag für 5 Minuten vorbacken und dann mit Belag für 8 Minuten fertig backen.

LIFE HACK

KÄLTESCHUTZ

Junge Pflanzen halten noch nicht viel Kälte aus. Bis die Temperaturen nachts hoch genug sind, kannst du sie daher mit einem **TERRAKOTTATOPF** abdecken, um sie vor Frost zu schützen. Morgens können die Töpfe dann wieder entfernt werden.

NUDELWASSER ALS DÜNGER

Das Kochwasser von Nudeln enthält viele Nährstoffe, mit denen wir unsere Pflanzen stärken können. Daher beim nächsten Mal: Nudeln kochen, das **WASSER AUFFANGEN**, abkühlen lassen und die Pflanzen damit gießen. Achtung: Wichtig ist dabei, dass das Wasser **UNGESALZEN** ist!

LIFE HACK

LIFE HACK

SCHÜTZENDE STEINE

Wenn du im Garten neue Beete anlegst, muss der Boden erst mal fleißig umgegraben werden. Dabei kommen oft größere Steine ans Licht. Diese kannst du aufheben und später mit ihnen die **BEETE EINRAHMEN** oder eine **KRÄUTERSPIRALE** anlegen. Auch um Kulturschutznetze vor zu starkem Wind zu schützen, eignen sie sich super.

UPCYCLING-BEWÄSSERUNGSHILFE

Um seltener gießen zu müssen, kannst du verschiedene Tricks nutzen. Zum Beispiel kann man eine mit Wasser gefüllte Plastikflasche IN DEN BODEN neben die Pflanze stecken. Dabei bleibt der Deckel drauf, wird aber vorher mit ein paar Löchern versehen. So gibt die Flasche das Wasser langsam an die Erde ab.

INTELLIGENTE WASSERSPEICHER

Du kannst auch Wasser sparen durch den Einsatz von Gießwällen und Töpfen, die in den Boden eingesetzt werden. Für einen Gießwall baust du UM DIE PFLANZE, die bewässert werden soll, eine kleine „Mauer“ aus Erde. Wenn es regnet oder gegossen wird, sammelt sich das Wasser in diesem Bereich und fließt nicht in wurzelferne Bereiche ab. Die Töpfe haben einen ähnlichen Zweck: sie werden direkt neben der Pflanze EINGEBUDDELT, sodass sie sich bei der Bewässerung mit Wasser füllen. So fließt das Wasser nicht weg und die Erde bleibt länger feucht.

SCHNECKENSCHUTZ AUS PLASTIKFLASCHEN

PET-Flaschen, auf die es kein Pfand gibt, kannst du verwenden, um JUNGPFLANZEN und Salate vor Schnecken zu schützen. Dafür die Flaschen einfach in der Mitte durchschneiden und dann über die Pflanzen stülpen. Nur bei zu hohen Temperaturen sollte DIESE METHODE eher nicht angewandt werden, da die Pflanzen dann in der Hitze unter der Flasche eingehen könnten.

GRUNDREZEPT FÜR NUDELTEIG

Neben Brot sind Nudeln ein Grundnahrungsmittel, das wir einfach selbst herstellen können. Ich nutze das Rezept vor allem gerne, um Lasagne zu machen: so können die Lasagneplatten genau passend auf die Form zugeschnitten werden.

ZUTATEN

- 350 g Hartweizengrieß
- 200 ml Wasser
- 1 EL Olivenöl
- ½ TL Salz

Auch Nudeln lassen sich auf **VORRAT** vorbereiten: Hierfür lässt du sie nach dem Formen einfach trocknen. Dafür kannst du sie auf ein **BACKBLECH** legen oder längere Nudeln am **WÄSCHESTÄNDER** oder **OFENGITTER** aufhängen. Das Trocknen dauert ca. 12–24 Stunden, danach sind sie **MEHRERE MONATE** haltbar.

ANLEITUNG

1 Alle Zutaten miteinander vermischen, bis ein glatter Teig entsteht.

2 Den Teig ca. 3 mm dünn ausrollen und je nach gewünschter Nudelform zuschneiden. Am einfachsten sind Bandnudeln – hierfür wird der Teig nur in ca. 1 cm breite Streifen geschnitten. Besonders schön werden sie, wenn sie mit einem gezahnten Teigschneider geschnitten werden.

3 Zuletzt müssen die Nudeln noch gekocht werden. Das dauert je nach Dicke etwa 2–3 Minuten.

ZERO WASTE – RESTE VERWERTEN & VERPACKTES SELBST HERSTELLEN

10 TIPPS GEGEN LEBENSMITTEL-VERSCHWENDUNG

Das Ausmaß von Lebensmittelverschwendung ist riesig. Hier einige Ideen, was wir zur Lösung des Problems beitragen können:

1. VOR DEM EINKAUF VORRÄTE PRÜFEN

So vermeidest du doppelte Lebensmittel, die am Ende schlecht werden. Ich gehe regelmäßig unseren Vorratsschrank durch, um immer einen Überblick darüber zu haben, was noch da ist und was tatsächlich nachgekauft werden muss.

2. ALLES FRISCHE AUFBRAUCHEN, BEVOR NEU EINGEKAUFT WIRD

Oft liegen noch einzelne Gemüsestücke oder angebrochene Soßen im Kühlschrank. Ich habe mir angewöhnt, mir mit den übrigen Zutaten neue Gerichte zu überlegen. Das kann etwas ganz Einfaches sein wie eine Gemüsepfanne, ein Eintopf oder eine Suppe. Es gibt auch Apps, die anhand der Zutaten passende Reste-Gerichte empfehlen.

3. WAS NICHT AUFGEBRAUCHT WERDEN KANN – WEITERGEBEN!

Manchmal hat man viel zu viel gekocht oder etwas gekauft, das doch nicht den eigenen Geschmack trifft. Für diese Fälle nutze ich besonders gerne Foodsharing. Hier kann man ganz unkompliziert Essen an andere „Foodsaver" weitergeben.

4. NICHT HUNGRIG UND NICHT OHNE PLAN EINKAUFEN GEHEN

Ich versuche immer, vor dem Einkaufen etwas zu essen, damit ich nicht unüberlegt zu viel (und dann auch oft eher Ungesundes) kaufe. Am liebsten mache ich auch einen groben Essensplan für die Woche, um die Zutaten besser planen zu können. So wird wirklich nur das eingekauft, was in der nächsten Woche auch gegessen wird.

5. LEBENSMITTEL RICHTIG LAGERN

Auf Seite 150 findest du eine ausführliche Liste mit Tipps zur Lagerung verschiedener Lebensmittel. So kannst du die Haltbarkeit verlängern, Nährstoffe möglichst lange erhalten und die Lebensmittel vor Schädlingen schützen.

6. OBST UND GEMÜSE MIT „MAKEL" KAUFEN

Ich versuche bewusst zu Obst und Gemüse zu greifen, das nicht mehr ganz perfekt ist. Sei es die ein bisschen weichere Paprika, die reife Banane oder die etwas eingedellte Kekspackung. In vielen Märkten gibt es inzwischen auch extra Kisten für diese „unperfekten" Lebensmittel, wo sie meistens auch reduziert angeboten werden.

7. PRODUKTE MIT KURZEM MINDESTHALTBARKEITS-DATUM KAUFEN

Produkte, die nur noch wenige Tage bis zum Ablauf des Mindesthaltbarkeitsdatum haben, werden oft reduziert. Aber auch sonst gilt: Wenn du das Produkt sowieso in den nächsten Tagen verwenden möchtest, kannst du ruhig zu den vorderen Packungen mit der kürzeren Haltbarkeit greifen.

8. OBST UND GEMÜSE MÖGLICHST VOLLSTÄNDIG VERWENDEN

Oft werfen wir große Teile unserer Lebensmittel weg, obwohl sie essbar und sogar sehr nährstoffreich sind. Der Strunk vom Brokkoli, die Schalen von Möhren oder Kartoffeln oder auch das Grün von Erdbeeren – alles essbar! Aus einigen Teilen kann man sogar ganze Gerichte kochen wie zum Beispiel aus den Blättern von Kohlrabi oder dem Trester aus selbst gemachter Nussmilch.

9. ÜBERSCHÜSSIGES EINFRIEREN ODER EINKOCHEN

Wenn du selbst Gemüse anbaust, ist manchmal zu viel von einem Lebensmittel da. Ich friere oder koche dann gerne jede Menge für die nächste Saison ein und kann so das ganze Jahr über mein Lieblingsgemüse genießen.

10. RESTE NACHWACHSEN LASSEN

Einige Gemüsesorten kannst du wieder nachzüchten – einfach nur das Wurzelstück aufbewahren und in einen Behälter mit frischem Wasser geben.

KNUSPRIGE CRACKER AUS SAUERTEIGRESTEN

Nach dem Füttern des Sauerteigs bleibt oft etwas Teig übrig. Anstatt diesen Rest wegzuwerfen, kannst du ihn aber noch super weiterverwenden – zum Beispiel für diese leckeren Cracker. Gekaufte Cracker enthalten oft viele Zusatzstoffe, Geschmacksverstärker und Konservierungsstoffe. Dazu kommt meistens noch eine Menge Zucker und Salz. Bei selbstgemachten Crackern können wir selbst entscheiden, was reinkommt, und auch noch den Geschmack bestimmen. Außerdem sparen wir Verpackungsmüll ein. Besser geht's nicht!

ZUTATEN

- 200 g Sauerteigreste
- 200 g Weizenmehl Type 550 oder Dinkelmehl Type 630
- 50 ml Wasser
- 3 EL Olivenöl
- 1 EL italienische Kräuter, getrocknet
- 1 TL Salz
- 3–6 EL Sesam

ANLEITUNG

1 Alle Zutaten bis auf den Sesam zu einem glatten Teig verkneten.

2 Den Teig auf Backpapier oder auf einer Backmatte mit einem bemehlten Nudelholz 2 mm dünn ausrollen. Je dünner der Teig ausgerollt wird, desto knuspriger werden die Cracker.

3 Den Sesam gleichmäßig auf dem Teig verteilen und mit dem Nudelholz sanft in den Teig drücken.

4 Den Backofen mitsamt Backblech auf 230 °C (Ober-/Unterhitze) vorheizen.

5 Den Teig in die gewünschte Cracker-Form, zum Beispiel in Quadrate, schneiden. Ich benutze hierfür eine Teigkarte, so wird die Unterlage nicht zerschnitten.

6 Den Teig auf seiner Unterlage auf das erhitzte Backblech legen und die Cracker im heißen Ofen 15 Minuten goldbraun backen. (Bei einem Gasofen, der nur Unterhitze hat, nach 10 Minuten wenden und noch einmal 10 Minuten von der anderen Seite backen, damit sie von beiden Seiten goldbraun werden.)

NUSSECKEN AUS NUSSMILCH-TRESTER

Die Nussfasern, die bei der Herstellung von selbst gemachter Nussmilch übrigbleiben, nennt man Trester. Diesen Trester muss man auf keinen Fall wegwerfen! Er enthält viele Nährstoffe und wertvolle Ballaststoffe. Meistens mische ich ihn einfach in Overnight Oats rein, aber diese Nussecken sind auch eine tolle Verwertungsmöglichkeit.

Wer möchte, kann die Nussecken jetzt noch mit **GESCHMOLZENER SCHOKOLADE** dekorieren. Ich mache das gerne im Zick-Zack-Muster, schön ist es aber auch, die Ecken in die Schokolade einzutauchen oder die gesamte Unterseite mit Schokolade zu ummanteln.

ZUTATEN FÜR 8 NUSSECKEN

Für den Mürbeteig

- 150 g Weizenmehl Type 550 oder Dinkelmehl Type 630
- 1 TL Backpulver
- 50 g Margarine
- 50 g Zucker
- 1 Prise Salz
- 2 EL Pflanzenmilch

Für die Nussschicht

- 100 g Nusstrester
- 100 g Haselnüsse, fein gehackt oder gemahlen
- 100 g Mandeln, fein gehackt oder gemahlen
- 40 g Margarine
- 30 g Zucker

Außerdem

- 3–4 EL Aprikosenmarmelade
- optional etwas Zartbitterschokolade

ANLEITUNG

1 Die Zutaten für den Mürbeteig zu einem gleichmäßigen Teig verkneten. Eine Backform mit Backpapier oder einerBackmatte auslegen und den Teig darin verteilen und gut festdrücken. 1–2 EL der Aprikosenmarmelade auf dem Teig verteilen.

1A

1B

2 Die Zutaten für die Nussschicht miteinander vermischen, auf dem Mürbeteig verteilen und ebenfalls sehr gut andrücken.

2

3 Den Ofen auf 180 °C vorheizen und die Nussecken zunächst für 20 Minuten backen.

4 Die restliche Aprikosenmarmelade auf der Masse verteilen und diese dann noch mal für 5–10 Minuten backen, bis die Oberfläche leicht gebräunt ist.

5 Abkühlen lassen und danach in 8 gleich große Ecken schneiden.

BROTCHIPS ODER KNUSPERBROT MIT KNOBLAUCH

Übrig gebliebenes Brot lässt sich ganz schnell zu Brotchips verarbeiten. Richtig chipsförmig werden sie, wenn du dafür Baguette verwendest. Ansonsten kannst du jedes andere Brot einfach in Würfel schneiden.

ZUTATEN

- 400 g Brot
- 3 EL Olivenöl
- 2–4 TL Salz
- 6 Knoblauchzehen

Das Rezept lässt sich auch super ABWANDELN! Zum Beispiel kannst du verschiedene GEWÜRZE hinzufügen, wie getrocknete KRÄUTER oder CHILI. Die Chips sind super zum KNABBERN oder auch als CROÛTONS für einen Salat.

ANLEITUNG

1 Das Brot in Scheiben oder Würfel schneiden und in eine große Schüssel geben. Das Olivenöl und Salz hinzugeben, die Knoblauchzehen mit in die Schüssel pressen oder sehr fein hacken. Alles gut miteinander vermischen.

2 Den Ofen auf 200 °C vorheizen. Die Brotchips breit auf einem Backblech verteilen. Damit sie auch richtig knusprig werden, sollten sie möglichst nicht übereinander liegen.

3 Die Brotchips für 15–20 Minuten knusprig backen und zwischendurch einmal wenden.

AUS RESTEN MACH BRÜHE

Gemüsereste wie Schalen, Stiele, Wurzeln oder Blätter kannst du im Gefrierfach sammeln und eine LECKERE GEMÜSEBRÜHE daraus kochen, wenn genug zusammengekommen ist: Die Reste mit Salz, Kräutern und Wasser in einen Topf geben und 2–3 Stunden köcheln lassen. Danach durch ein Sieb abgießen.

KOFFEIN-KICK FÜR PFLANZEN

Kaffeesatz ist ein TOLLER DÜNGER für säureliebende Gartenpflanzen: Er enthält viele wichtige Nährstoffe wie Stickstoff, Kalium, Schwefel und Phosphor. Hierfür den Kaffeesatz trocknen lassen (das verhindert, dass er schimmelt) und dann eine kleine Menge in die Erde einarbeiten.

LASS GEMÜSE WIEDER WACHSEN

Viele Gemüsesorten lassen sich aus dem Endstück wieder NEU ZIEHEN. Stell die Wurzeln von z. B. Frühlingszwiebeln, Lauch, Salat oder Staudensellerie ins Wasser (Wasser regelmäßig auswechseln) und sieh zu, wie das Gemüse wieder neu austreibt.

PORTIONIERTE RESTE

LIFE HACK

Oft bleiben Reste von Tomatenmark, Zitronensaft, Kokosmilch oder Kräutern übrig. Die kann man ganz einfach in einer Eiswürfelform einfrieren. Bei den Kräutern wird hierzu ein wenig Wasser hinzugegeben. Wenn die **RESTEWÜRFEL** gefroren sind, können sie in ein Glas oder einen Gefrierbeutel umgefüllt werden, so hast du sie immer fertig portioniert zur Hand!

SÜSS EINGELEGT

LIFE HACK

ı Rezepten wird von Vanilleschoten meistens nur das
lark aus dem Inneren verwendet. Dabei muss der Rest
icht verschwendet werden: Lege die Reste der Vanil-
eschote für einige Tage in ein Schraubglas mit 200 g
ucker – so erhältst du selbst gemachten **VANILLE-**
UCKER, der nicht nur viel günstiger als der gekaufte
:t, sondern auch ganz ohne künstliche Aromen aus-
ommt. Eine Schote reicht etwa für drei Glasfüllungen.

RESTLOS LEER

LIFE HACK

Wenn Marmelade oder der Schokoaufstrich leer gehen, kannst du aus den Resten im Glas noch ein **LECKERES GETRÄNK** machen. Dafür das Glas einfach mit Milch auffüllen, das Glas zuschrauben und kräftig schütteln – schon hast du eine Erdbeermilch oder einen Kakao.

SCHOKOMOUSSE AUS AQUAFABA

Das Wasser von Kichererbsen müssen wir dank diesem Rezept nie wieder entsorgen! Diese Mousse ist superschnell gemacht und wird total luftig und schokoladig. Ich mache sie gerne mit Zartbitterschokolade, man kann aber auch weiße Schokolade verwenden für eine helle Schokomousse. Diese ist ein bisschen leichter und passt auch gut im Sommer zu Beeren!

ZUTATEN

- 100 g Zartbitter-Schokolade
- 100 ml Aquafaba

ANLEITUNG

1 Die Schokolade klein hacken und im Wasserbad schmelzen.

2 Währenddessen das Aquafaba in eine große Schüssel geben und mit dem Rührgerät steif schlagen.

3 Die geschmolzene Schokolade unter den Aquafaba-Schnee rühren.

4 Die Masse in eine Form oder Gläser füllen und 3 Stunden im Kühlschrank fest werden lassen.

SEMMELKNÖDEL AUS ALTEM BROT

Brot ist eines der am häufigsten weggeworfenen Lebensmittel, also brauchen wir Rezepte, um altes Brot zu verwerten. Semmelknödel sind dafür ein Klassiker – hier in einer süßen Variante.

ZUTATEN FÜR 10 KNÖDEL

- 400 g trockenes Brot
- 300 ml Sojamilch
- 100 g Rosinen
- 20 g Vanillezucker
- 1 TL Zimt

Du kannst die Knödel auch erst am nächsten Tag essen. Dazu werden sie in SCHEIBEN geschnitten und knusprig angebraten. Nach dem Anbraten gebe ich einfach etwas ZIMT und ZUCKER über die Knödel und esse sie mit APFELMUS. Vanilleeis oder Joghurt mit Früchten passt aber auch gut dazu.

ANLEITUNG

1 Das Brot klein schneiden und 30 Minuten in der Sojamilch aufweichen. Falls das Brot sehr hart ist, kannst du es zuerst im Mixer zerkleinern und die Milch erwärmen. So wird es schneller weich.

2 Die restlichen Zutaten hinzufügen und alles gut miteinander verkneten.

3 Wasser in einem Topf zum Kochen bringen. Dann herunterdrehen und sieden lassen. Die Knödel mit den Händen formen. Ins siedende Wasser geben und 20 Minuten ziehen lassen. Sie sind fertig, wenn sie an der Oberfläche schwimmen.

4 Das Wasser abgießen und die Knödel direkt mit Vanillesauce oder heißen Beeren essen.

APFEL-HAFER-CRUMBLE

Gerade zur Apfelsaison kann es schnell mal passieren, dass wir zu viele Äpfel zu Hause haben, die nach einer Weile nicht mehr ganz so schön aussehen. Diese Äpfel kann man perfekt für diesen Apfel-Hafer-Crumble verwenden.

ZUTATEN

Für die Apfelmasse

- 400 g Äpfel
- 3 EL Apfelmark
- 1 TL Zimt

Für die Streusel

- 100 g Hafermehl
- 50 g Haferflocken
- 2 EL Apfelmark
- 2 EL Pflanzenmilch
- 2 EL neutrales Öl
- 2 TL Zimt

Je nach Saison kann man dieses Rezept natürlich auch mit anderem OBST machen. Besonders gut schmeckt es auch mit BEEREN oder mit RHABARBER. Ich gebe am Ende außerdem gerne noch etwas NUSSMUS oben drüber.

ANLEITUNG

1 Schneide die Äpfel klein – falls sie schon sehr schrumpelig sind, kannst du sie davor auch schälen. Mit Apfelmark und Zimt vermischen und in eine Auflaufform geben.

2 In einer Schüssel die Zutaten für die Streusel vermischen, bis alles gut zusammenhängt. Falls es noch zu trocken sein sollte, gib etwas mehr Pflanzenmilch hinzu.

3 Die Streusel über der Apfelmasse verteilen. Den Crumble bei 150 °C für ca. 20–25 Minuten im Ofen backen, bis die Streusel knusprig sind.

NUDELPFANNE MIT RÄUCHERTOFU UND KOHLRABIBLÄTTERN

Was wohl bei den meisten eher in die Tonne wandert (oder direkt im Laden zurückgelassen wird): Kohlrabi-Blätter! Ich wusste lange Zeit auch nicht, dass man die Blätter der Pflanze ebenfalls essen kann. Sie schmecken ähnlich wie Spinat und lassen sich auf gleiche Weise verarbeiten. Probier' sie doch mal in dieser Nudelpfanne!

ZUTATEN

- eine rote Zwiebel
- 2–3 Knoblauchzehen
- etwas Olivenöl zum Braten
- 200 g Räuchertofu
- 250 g Nudeln
- Blätter von einem Kohlrabi
- 150 ml Sojasahne
- Salz
- ½ TL Pfeffer
- eine Prise Muskat
- 2–3 TL italienische Kräuter

Nicht nur Kohlrabi-Blätter kann man essen! Auch die Blätter von ROTER BETE, RADIESCHEN oder auch das Grün von MÖHREN sind essbar.

ANLEITUNG

1 Zwiebel und Knoblauch schälen, klein schneiden und in etwas Olivenöl in einer Pfanne anbraten.

2 Den Räuchertofu in Würfel schneiden, in die Pfanne geben und von allen Seiten anbraten. Währenddessen die Nudeln kochen.

3 Die Kohlrabiblätter klein schneiden, in die Pfanne geben und kurz mitdünsten. Mit der Sojasahne ablöschen und mit Salz, Pfeffer, Muskat und den italienischen Kräutern würzen.

4 Die fertigen Nudeln ebenfalls mit in die Pfanne geben und vor dem Servieren kurz köcheln lassen.

WIEDERVERWENDEN

LIFE HACK

Zum Einkaufen solltest du immer wiederverwendbare Alternativen dabeihaben: sei es die Einkaufstasche, Netze fürs Gemüse oder ein Baumwollbeutel für Brot und Brötchen. Diese Dinge beim Einkaufen direkt dabei zu haben, **SPART EINE MENGE MÜLL** ein. Das gleiche gilt auch unterwegs für eine wiederverwendbare Trinkflasche und eine Dose für Proviant.

PLASTIKVERPACKUNGEN EINSPAREN

LIFE HACK

In türkischen und asiatischen Supermärkten kann man Obst und Gemüse oft lose kaufen. Das Gemüse hat hier zwar nur selten Bio-Qualität, es ist aber eine günstige Möglichkeit, plastikfrei Lebensmittel einzukaufen. Außerdem bekommt man hier auch Reis oder Hülsenfrüchte in großen Packungen. Das ist zwar nicht **KOMPLETT PLASTIKFREI**, aber für alle, für die der Einkauf im Unverpacktladen oder Biomarkt nicht bezahlbar ist, trotzdem eine Option, um mit Großpackungen Müll zu sparen.

GROSSPACKUNGEN ONLINE BESTELLEN

Das könnte man als Mittelweg sehen: Wer Bio-Qualität möchte, aber nicht komplett auf Verpackungen **VERZICHTEN** kann, kann viele Lebensmittel wie Reis, Hülsenfrüchte, Trockenfrüchte etc. online bestellen. Hier gibt es neben den Anbietern, die die Produkte in Plastik verpacken, auch solche, die auf abbaubare Bio-Kunststoffe oder Papierverpackungen setzen.

LIFE HACK

STRAHLENDER GLANZ

LIFE HACK

Ausgepresste Zitronen können, bevor du sie wegwirfst, noch **ZUM PUTZEN** verwendet werden! Hierfür einfach die Armaturen oder die Duschkabine mit der Zitrone einreiben. Die enthaltene Säure löst Kalkflecken auf.

STARKE SCHALE

LIFE HACK

Apfelschalen kannst du auch weiterverwenden: Du kannst sie zum Beispiel trocknen und dann Tee daraus kochen. Die getrockneten Schalen können auch **DIREKT GEGESSEN** werden – besonders gut schmecken sie mit ein bisschen Zimt.

SO FRISCH!

LIFE HACK

Kräuter halten länger frisch, wenn du sie in ein Glas Wasser stellst. Das Wasser sollte am besten **TÄGLICH GEWECHSELT** werden und das Glas im Kühlschrank aufbewahrt werden.

SCHNELLE TOFU-BRATWÜRSTCHEN MIT KRÄUTERN

Diese Bratwürstchen sind wirklich schnell gemacht! Wenn du lieber ein etwas rauchigeres Aroma möchtest, kannst du sie auch super aus Räucher- statt Naturtofu machen.

ZUTATEN FÜR 4 WÜRSTCHEN

- 200 g Naturtofu
- 1 Knoblauchzehe
- 2 EL Sojasauce
- 1 TL Pfeffer
- 1 EL Bohnenkraut
- 1 Messerspitze Muskat
- 6 EL Seitanpulver

Wenn du die Bratwürstchen für den nächsten Tag VORBEREITEN möchtest, solltest du sie ÜBER NACHT mit ein bisschen ÖL einreiben, damit sie nicht eintrocknen.

ANLEITUNG

1

2

1 Alle Zutaten bis auf das Seitanpulver im Mixer zu einer cremigen Masse pürieren.

2 Die Masse in eine Schüssel geben und mit dem Seitanpulver zügig zu einem gleichmäßigen Teig verkneten.

3 Den Teig in vier gleich große Teile aufteilen und zu Würstchen formen.

4 Die Würstchen sehr fest in dünne Baumwolltücher einrollen, damit sie ihre Form behalten.

5 Für 20 Minuten dämpfen. Die Würstchen vor dem Verzehr knusprig anbraten.

4

HASELNUSS-DATTEL-PRALINEN

Auch Pralinen kannst du einfach zu Hause selbst machen! Diese hier sind ausschließlich mit Datteln gesüßt und bestehen aus nur vier Zutaten. Den Dattelzucker bekommt man im Biomarkt – er besteht einfach nur aus getrockneten Datteln. So ist er ein vollwertiges Süßungsmittel mit Vitaminen, Mineral- und Ballaststoffen.

ZUTATEN

- 100 g Kakaobutter
- 100 g Kakaopulver
- 130 g Dattelzucker
- 2 EL Haselnussmus (ca. 60 g)
- 100 ml Pflanzenmilch
- 50 g Haselnüsse, ganz

Ich mag die Pralinen eher bitter, deswegen ist nicht allzu viel DATTELZUCKER im Rezept angegeben. Bevor man die Masse in die Form gibt, einfach kurz probieren und die Süße individuell anpassen.

ANLEITUNG

1 Die Kakaobutter im Wasserbad bei niedriger Hitze schmelzen.

2 In einer Schüssel das Kakaopulver mit dem Dattelzucker vermischen, dann das Nussmus hinzugeben.

3 Die geschmolzene Kakaobutter zusammen mit der Pflanzenmilch mit einem Schneebesen unter die Kakao-Nuss-Masse rühren, bis keine Klümpchen mehr vorhanden sind.

4 Die Masse in eine mit Backpapier ausgelegte Form füllen. Die Haselnüsse gleichmäßig darin verteilen. Über Nacht im Kühlschrank aushärten lassen.

5 Am nächsten Tag aus der Form lösen und in kleine Würfel schneiden.

MÜSLIRIEGEL OHNE INDUSTRIE-ZUCKER

Diese Müsliriegel sind schnell gemacht, sparen eine Menge Plastikverpackung ein und kommen dazu noch ohne Haushaltszucker aus. Da sie im Ofen gebacken werden, füge ich keine Trockenfrüchte hinzu, da diese leider schnell verbrennen. Falls du sie aber bei niedriger Temperatur trocknest (z. B. im Dörrautomat), kannst du natürlich auch Trockenfrüchte in die Masse geben.

ZUTATEN FÜR 12 RIEGEL

- 150 g Haferflocken, kernig
- 60 g Cashews
- 30 g Hanfsamen, geschält
- 30 g Leinsamen, geschrotet
- 65 g Haselnussmus
- 30 g Dattelsirup
- 20 ml Sojamilch

Wer es noch etwas süßer haben möchte, kann die Riegel zum Schluss noch in GESCHMOLZENE SCHOKOLADE tauchen.

ANLEITUNG

1 Zuerst die trockenen Zutaten miteinander vermischen.

2 Dann die feuchten Zutaten hinzugeben und kneten, bis sich alles gleichmäßig verteilt hat.

3 Eine Ofenform bzw. ein Backblech mit Backpapier oder einer Backmatte auslegen. Die Masse darauf verteilen und sehr gut festdrücken. Den Ofen auf 170 °C vorheizen.

4 Die Masse riegelförmig zuschneiden (nach dem Backen geht das nicht mehr!). Die Riegel für 25 Minuten backen, bis sie etwas gebräunt sind. Wenn sie aus dem Ofen kommen, sind sie noch ein bisschen weich, doch sie werden knusprig sobald sie abkühlen.

SESAMRIEGEL

Ich habe mir früher immer gerne diese Sesamriegel im Drogeriemarkt gekauft. Leider sind sie aber alle einzeln in Plastik verpackt. Hier also ein Rezept, um sie mit weniger Verpackungsmüll selbst zu machen.

ZUTATEN

- 100 g Sesam
- 50 g Sirup (Agavendicksaft, Apfeldicksaft, Dattelsirup etc.)

Alternativ kannst du die Sesam-Sirup Masse in der PFANNE zubereiten. Hier wird sie erst für 3–4 Minuten AUFGEKOCHT und danach auf BACKPAPIER oder eine Backmatte gegeben. Ein weiteres Stück Backpapier darüberlegen und so die heiße Masse AUSROLLEN. Noch im warmen Zustand zu Riegeln schneiden.

ANLEITUNG

1 In einer Schüssel den Sesam mit dem Sirup vermischen.

2 Backpapier zurechtschneiden und die Masse in kleinen Portionen darauf verteilen.

3 Die Riegel bei 70 °C für 10 Stunden in den Dörrautomat geben und komplett aushärten lassen. Danach luftdicht verpackt aufbewahren.

KARTOFFELCHIPS AUS DEM OFEN

Diese Kartoffelchips sind um einiges gesünder als die gekauften und richtig schnell gemacht. Du sparst dir außerdem nicht nur die Plastiktüte sondern kannst komplett selbst entscheiden, welche Gewürze du verwenden möchtest und so neue Sorten kreieren.

ZUTATEN FÜR CA. 180 G CHIPS

- 400 g Kartoffeln, festkochend
- 4 TL neutrales Öl
- 1–2 TL Salz
- 1–2 TL Paprikapulver

GEWÜRZE, die ich für die Chips empfehlen kann: Knoblauchpulver, Chilipulver oder eine süße Curry-Mischung. Und wer eine **HEISSLUFTFRITTEUSE** hat, kann die Chips auch gut darin zubereiten.

ANLEITUNG

1 Die Kartoffeln in dünne Scheiben raspeln bzw. schneiden. Dabei darauf achten, dass sie nicht zu dünn werden, sonsten verbrennen sie im Ofen.

2 Die Scheiben in ein feines Sieb oder ein Passiertuch geben und so viel Flüssigkeit wie möglich abtropfen lassen. Die Kartoffelscheiben dann abtrocknen.

3 Die Kartoffeln mit den restlichen Zutaten vermischen und auf ein mit Backpapier ausgelegtes Backblech legen. Die Scheiben sollten sich dabei möglichst nicht berühren, ansonsten werden sie nicht richtig knusprig.

4 Die Kartoffelscheiben in den Ofen schieben und bei 200 °C für 10–15 Minuten backen. Ich mache während dieser Zeit 2–3-mal kurz den Ofen auf, um die entstehende Feuchtigkeit abzulassen.

FLUFFIGE BRIOCHE-BRÖTCHEN

Diese Brötchen backe ich total gerne sonntags zum Frühstück oder Brunch. Sie sind auch super, um sie zu einem Picknick mitzubringen.

ZUTATEN FÜR 8 BRÖTCHEN

- 300 ml Sojamilch
- 100 g Margarine
- 50 g Puderzucker
- 525 g Weizenmehl Type 550
- ½ Würfel frische Hefe
- eine Prise Salz
- Abrieb von einer Orange

Nach Belieben kannst du auch **SCHOKOLADENSTÜCKE** oder **ROSINEN** in den Teig einarbeiten. Wenn die Brötchen nach dem Backen einen schönen Glanz haben sollen, kannst du sie vorher mit **PFLANZLICHER SAHNE** einpinseln.

ANLEITUNG

1 Alle Zutaten zu einem geschmeidigen Teig verkneten.

2 Den Teig ca. eine Stunde abgedeckt in einer Schüssel ruhen lassen, bis er sich verdoppelt hat.

3 Danach den Teig in acht gleich große Portionen teilen und zu runden Brötchen formen. Auf ein Backblech oder in eine Auflaufform geben und noch mal 30 Minuten ruhen lassen.

4 Bei 180 °C für ca. 20 Minuten backen.

VORRÄTE ANLEGEN – FERMENTIEREN, TROCKNEN UND EINKOCHEN

GRUNDLAGEN DER FERMENTATION

Jetzt machen wir uns ans Anlegen von Vorräten! Dabei ist die Fermentation eine meiner liebsten Methoden, um Lebensmittel **haltbar** zu machen – weshalb du in diesem Kapitel einige Rezepte dazu finden wirst. Übers Einkochen und Einlegen wird sehr viel gesprochen, aber das Fermentieren ist noch nicht so weit verbreitet. Dabei bietet gerade diese Art des Haltbarmachens sehr viele Vorteile und ich möchte sie dir gerne ein bisschen näherbringen.

WAS IST FERMENTATION ÜBERHAUPT?

Das für uns bekannteste Fermentationsprodukt ist wahrscheinlich das Sauerkraut. Bei der Fermentation (auch Milchsäuregärung oder milchsauer einlegen genannt) wandeln Milchsäurebakterien die Kohlenhydrate aus den Lebensmitteln in Milchsäure um. Das Ganze passiert unter Sauerstoffausschluss. Durch diesen **Prozess** säuern die Bakterien das Fermentiergut an, und sorgen dafür, dass es nicht mehr verdirbt.

Sowohl die Bakterien als auch die Milchsäure, die sie produzieren, sind gut für uns. Fermentierte Lebensmittel haben eine probiotische Wirkung. Sie machen das Essen **verdaulicher**, fördern die Nährstoffaufnahme und unterstützen unsere **Darmgesundheit** und die Vielfalt der im Darm lebenden Bakterien. Die meisten werden das wahrscheinlich von Joghurt kennen – auch das ist ein fermentiertes Produkt.

WIE FUNKTIONIERT DIE FERMENTATION?

Es gibt die Möglichkeit, spezielle Kulturen zu kaufen und diese dann zum Fermentieren zu nutzen. Oder man betreibt „wilde Fermentation“. Hierbei gibt es **zwei Möglichkeiten**: Das Gemüse wird mit Salz geknetet und so im eigenen Saft in die Gläser gefüllt – oder das Gemüse kommt einfach ins Glas und wird dann mit einer Salzlake übergossen. Bei beiden Methoden ist es sehr wichtig, ein Salz **ohne Zusatzstoffe** zu verwenden, also einfach pures Steinsalz oder Meersalz. Da Meersalz durchschnittlich stärker mit

Mikroplastik belastet ist als andere Sorten, empfehle ich eher das Steinsalz.

Die **Mengenverhältnisse** sehen dabei folgendermaßen aus: Für die erste Methode kommen auf 1 kg Gemüse 20 g Salz. Das ergibt eine Salzkonzentration von 2 %. Wenn du Salzlake verwenden möchtest, verwendet man eine 3-prozentige Konzentration. Hierfür werden 30 g Salz in einem Liter kalten Wasser aufgelöst.

WAS GIBT ES NOCH ZU BEACHTEN?

Viel Equipment brauchst du nicht. Im Internet werden viele Fermentationssets verkauft, die teilweise sehr teuer sind. Diese sind aber überhaupt nicht nötig. Was man **wirklich braucht**, ist ein Bügelglas (diese Gläser können den entstehenden Druck allein ablassen), Gemüse und Salz.

Wenn du auch kleinere Stücke fermentieren möchtest, ist es außerdem wichtig, das Gemüse etwas zu beschweren, damit es immer komplett von Flüssigkeit bedeckt ist. Hierfür kann zum Beispiel der Glasdeckel von einem Weck-Glas oder eine kleine Schale benutzt werden. Du kannst aber auch ein großes Kohlblatt verwenden, das fest ins Glas gepresst wird. Da ich zu Hause nie etwas gefunden habe, das optimal in meine Einmachgläser gepasst hätte, habe ich mir letztendlich Fermentier-Gewichte gekauft. Das sind **kleine Glasgewichte** mit Griff, die den Zweck perfekt erfüllen. Das ist auch das einzige Zubehör, das ich wirklich empfehlen würde, wenn man regelmäßig fermentieren möchte, da es einfacher und sicherer ist. Für den Anfang ist es aber nicht notwendig.

Vor dem Fermentieren sollten die Gläser unbedingt **sterilisiert** werden. Ich gebe sie hierfür bei 130 °C für 15 Minuten in den Ofen. Generell sollte auch das Gemüse gut gereinigt und sehr sauber gearbeitet werden. Wir möchten ja nur die guten Bakterien züchten und keinen Schimmel oder Anderes, das unser Essen schlecht werden lässt.

Da für die Fermentation anaerobe Verhältnisse essenziell sind, dürfen die Gläser nach dem ersten Tag **eine Woche lang** nicht mehr geöffnet werden. Ansonsten könnten Sauerstoff und eventuell auch Schimmelsporen hineingeraten. Nach einer Woche kann das Ferment schon einmal probiert (immer nur mit sauberem Besteck ins Glas!) und wenn es schon sauer genug schmeckt, in den Kühlschrank gestellt werden. Im Kühlschrank läuft die **Fermentation** dann langsamer ab, bis sie schließlich ganz zum Erliegen kommt. Ca. 3 Wochen dauert es, bis die Fermente aus den nachfolgenden Rezepten fertig sind.

Wenn alles richtig abgelaufen ist, hält sich das fermentierte Gemüse dann sehr lange. Mein ältestes steht jetzt seit zwei Jahren im Kühlschrank und schmeckt immer noch super.

ROTKOHL FERMENTIEREN

Mit Rotkohl habe ich zum ersten Mal das Fermentieren ausprobiert. Sauerkraut mochte ich nie, aber dieses fermentierte Rotkraut kommt bei mir zu ganz vielen Gerichten mit auf den Teller.

ZUTATEN

- **500 g Rotkohl**
- **10 g Salz**

In mein erstes Rotkohl-Ferment habe ich ORANGENSCHALE als Gewürz reingelegt – das kann ich auch nur empfehlen.

ANLEITUNG

1 Das Glas sterilisieren und den Rotkohl gründlich säubern. Den Rotkohl in feine Streifen schneiden und in eine große Schüssel geben.

2 Das Salz hinzugeben und den Rotkohl ca. 10 Minuten lang kneten, bis er weicher wird.

3 Danach den Rotkohl zusammen mit dem Saft bis 2 cm unter den Glasrand füllen. Achte darauf, dass er komplett von Flüssigkeit bedeckt ist! Dann das Fermentier-Gewicht auflegen und nochmal fest runterdrücken.

4 Darauf achten, dass auch der Rand sauber ist und das Glas dann verschließen. Jetzt bleibt das Glas für eine Woche bei Raumtemperatur stehen. Ich lege zur Sicherheit einen Teller drunter, falls durch die entstehenden Gase Flüssigkeit aus dem Glas austritt.

5 Nach einer Woche kann das Ferment probiert werden und dann für weitere zwei Wochen Fermentation in den Kühlschrank gestellt werden.

MÖHRE UND INGWER FERMENTIEREN

Diese fermentierten Möhren sind eins der einfachsten und schnellsten Fermente. Noch dazu hat man die Zutaten dafür meistens sowieso schon zu Hause, also kann es direkt losgehen.

ZUTATEN

- 300 g Möhren
- 15 g Ingwer
- 3-prozentige Salzlake

Das Rezept lässt sich natürlich auch auf ANDERE GEMÜSESORTEN übertragen. Außerdem können auch noch GEWÜRZE hinzugefügt werden, wie Chili oder Knoblauch.

ANLEITUNG

1 Möhren und Ingwer schälen und klein schneiden – ich schneide beides in Scheiben.

2 Das geschnittene Gemüse bis 2 cm unter den Glasrand füllen und mit der Lake übergießen – es muss komplett von Flüssigkeit bedeckt sein! Das Fermentier-Gewicht auflegen und noch mal alles fest runterdrücken.

3 Darauf achten, dass auch der Rand sauber ist und das Glas dann verschließen. Auf einem Teller für eine Woche bei Zimmertemperatur stehen lassen. Nach einer Woche kann das Ferment probiert werden und dann für weitere zwei Wochen Fermentation in den Kühlschrank gestellt werden.

TOFU MIT KRÄUTERN

Dieses Rezept ist ein bisschen ungewöhnlicher und nicht unbedingt etwas für Fermentier-Anfänger. Wenn man aber schon an den säuerlichen Geschmack gewöhnt ist, ist dieses Rezept auf jeden Fall einen Versuch wert!

ZUTATEN

- 100 g Tofu
- 2 Knoblauchzehen
- 2 TL italienische Kräuter
- 3-prozentige Salzlake

Auch hier kannst du wieder **HERUMEXPERIMENTIEREN**. Wie wäre es, gemeinsam mit dem Tofu auch noch **TOMATEN** zu fermentieren? Oder etwas **MISO-PASTE** für einen anderen Geschmack hinzuzugeben? Da Tofu so eine neutrale Basis ist, hat man hier endlose Möglichkeiten!

ANLEITUNG

1 Den Tofu in Würfel schneiden. Die Knoblauchzehen schälen und in Scheiben schneiden.

2 Den Knoblauch mit den Kräutern ins Glas geben. Diese dann so gut es geht mit dem Tofu abdecken, damit die Kräuter nicht an die Oberfläche schwimmen. Am besten funktioniert das, wenn man ganze Kräuter verwendet, keine klein gehackten.

3 Jetzt die Salzlake bis 2 cm unter den Rand ins Glas füllen, sodass alles bedeckt ist.

4 Mit dem Glasgewicht beschweren und auf einem Teller für eine Woche bei Zimmertemperatur fermentieren lassen. Nach einer Woche kann das Ferment probiert werden und kommt dann noch für weitere zwei Wochen in den Kühlschrank, bis die Fermentation abgeschlossen ist.

GLAS STATT PLASTIK

LIFE HACK

Zum Einfrieren von Lebensmitteln muss man keine Plastikbeutel verwenden – das geht auch super in Einmachgläsern! Hier musst du nur **DARAUF ACHTEN**, beim Einfüllen etwas Platz bis zum Rand zu lassen und die Gläser erst nach dem Gefrieren komplett zu verschließen.

LECKERE ERFRISCHUNG

LIFE HACK

Aus übrigem **SCHWARZTEE** vom Frühstück kannst du mit Zitronen- oder Pfirsichsaft und etwas Zucker einen erfrischenden Eistee machen.

ECHT STARK!

Etwas Kochwasser von Nudeln mische ich gerne auch in die Sauce hinein. Die enthaltene **STÄRKE** dickt die Sauce etwas ein und macht sie cremiger.

LIFE HACK

LÄNGER FRISCH

LIFE HACK

Um Beeren **LÄNGER HALTBAR** zu machen, kannst du sie direkt nach dem Einkauf in Essigwasser waschen. Hierfür mischst du in einer großen Schale zwei Teile Wasser und einen Teil Essig (z. B. Apfelessig) und legst die Beeren für 5 Minuten hinein. Danach mit klarem Wasser abspülen und abtrocknen.

ENERGIE SPAREN

LIFE HACK

Wenn du ein Ofengericht gemacht hast, kannst du die Restwärme noch anderweitig nutzen. So kann man zum Beispiel noch Kekse backen oder Brot mit Käse überbacken. Alternativ kannst du bei vielen Gerichten den Ofen einfach 15 Minuten **FRÜHER AUSSTELLEN** und die Restwärme für das Hauptgericht nutzen.

SPARSAM SCHÄLEN

LIFE HACK

Um beim Schälen von Ingwer möglichst wenig von der Knolle zu verschwenden, kannst du ihn, statt mit einem Messer oder Sparschäler, **MIT EINEM TEELÖFFEL** schälen. Einfach über die Schale kratzen und sie wird ganz leicht abgehen.

KIMCHI

Kimchi ist koreanischer fermentierter Kohl mit Knoblauch und einer Chilipaste. Der Geschmack ist dementsprechend sehr intensiv und auch etwas scharf. Wer nicht ganz so scharf essen kann, sollte daher mit der Paste etwas sparsam umgehen.

ZUTATEN

- 220 g Chinakohl
- 120 g Rettich
- 20 g Frühlingszwiebel
- 1 Knoblauchzehe
- Ingwer, ca. 3 cm groß
- 1–2 EL Gochujang-Paste
- 8 g Salz

Um auch die MILCHSÄUREBAKTERIEN zu konsumieren, ist es am besten, den Kimchi ROH zu essen. Es gibt aber auch viele Rezepte, um den Kimchi weiter zu verarbeiten, wie zum Beispiel KIMCHI-PFANNKUCHEN oder KIMCHI-EINTOPF.

ANLEITUNG

1 Das gesamte Gemüse klein schneiden und in eine Schüssel geben. Dann entsprechend der Gemüsemenge Salz hinzugeben (hier ca. 400 g Gemüse, also 8 g Salz) und alles ca. 5 Minuten kneten, bis der Saft aus dem Gemüse austritt.

2 Die Gochujang-Paste hinzugeben und alles gut vermischen. Abschmecken und nach Bedarf noch mal nachwürzen. Aber Vorsicht: Der Geschmack wird durch die Fermentation noch stärker.

3 Die Masse ins Glas geben, mit dem Saft übergießen und bis 2–3 cm unter den Rand gut runterdrücken. Den Rand des Glases säubern und den Kimchi mit dem Fermentier-Gewicht abdecken.

4 Das Glas verschließen und bei Zimmertemperatur für eine Woche auf einem Teller stehen lassen. Danach kommt es noch für zwei Wochen in den Kühlschrank, bis der Kimchi fertig fermentiert ist.

FERMENTIERTE ZWIEBEL

Diese fermentierten Zwiebeln passen super zu Burgern, Salaten oder Pizza. Man kann sie auch weiterverarbeiten – zum Beispiel für einen Brotaufstrich.

ZUTATEN

- große rote Zwiebel
- 1–2 Lorbeerblätter
- Salzlake

ANLEITUNG

1 Die Zwiebel schälen und in Ringe schneiden.

2 Zuerst die kleinen Zwiebelstücke und die Lorbeerblätter ins Glas geben, dann die größeren Ringe darüber schichten.

3 Die Salzlake bis 2–3 cm unter den Rand einfüllen, sodass alles bedeckt ist. Wenn der Rand sauber ist, das Fermentier-Gewicht auflegen und das Glas verschließen.

4 Die Zwiebelringe für eine Woche bei Raumtemperatur fermentieren lassen. Einen Teller unterlegen, falls das Glas überlaufen sollte.

5 Nach einer Woche kommt das Glas noch für 2 Wochen in den Kühlschrank, bis die Zwiebeln fertig fermentiert sind.

HIMBEER-MINZ-LIMETTEN-FRUCHTLEDER

Fruchtleder ist eine tolle Möglichkeit, um überschüssiges Obst haltbar zu machen. Außerdem ist es eine gesunde Süßigkeit für Zwischendurch.

ZUTATEN

- 8 Datteln
- 100 g Himbeeren
- 1 Stängel Minze
- Abrieb von einer Limette

Für die Zubereitung im Backofen streichst du die komplette Masse dünn auf einer BACKMATTE aus. Der Ofen wird auf 50–60 °C eingestellt und einen Spalt offengelassen – zum Beispiel mithilfe eines KOCHLÖFFELS –, damit die Feuchtigkeit entweichen kann.

ANLEITUNG

2

1 Die Datteln mit heißem Wasser übergießen, damit sie weicher werden. Bei sehr weichen Sorten ist dieser Schritt nicht nötig.

2 Alle Zutaten zusammen in den Mixer geben und zu einer feinen Masse pürieren.

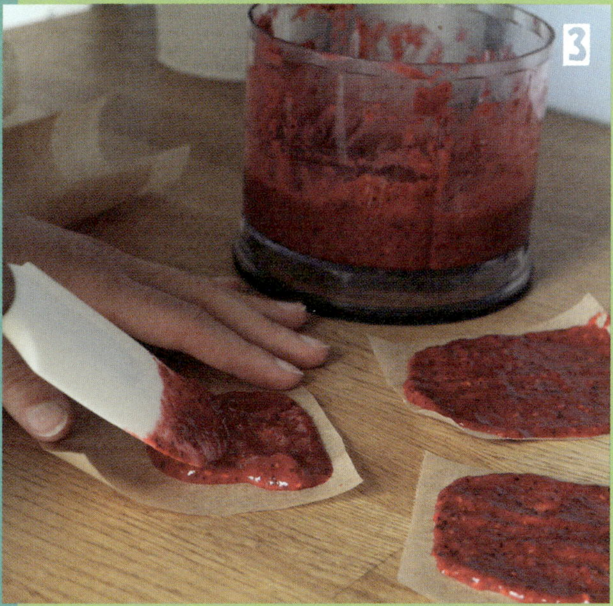
3

3 Für die Zubereitung im Dörrautomaten Backpapier in kleine Rechtecke schneiden und die Masse dünn darauf verstreichen. Zu dünn sollte es allerdings auch nicht sein, sonst wird das Fruchtleder eher knusprig. Den Dörrautomaten auf 65 °C einstellen und das Fruchtleder für 8 Stunden trocknen.

4 Wenn das Fruchtleder fertig getrocknet ist, kann man es flach oder zusammengerollt in einer gut verschließbaren Dose aufbewahren.

GEMEINSAM REIFEN

Unreifes Obst kannst du mit ein paar Tomaten und Äpfeln zusammenlegen. Am schnellsten klappt das Nachreifen, wenn man sie GEMEINSAM in eine Papiertüte packt. Umgekehrt sollte reifes und schon überreifes Obst natürlich von diesen Sorten ferngehalten werden.

OHNE RUMGEFUMMEL

Um Kräuter ohne viel Aufwand von ihrem Stiel ZU BEFREIEN, kann man den Stiel einfach durch ein Sieb oder das Loch einer Reibe ziehen. Der Stiel kommt unten raus und die Blätter werden an der Oberseite abgestreift.

MESSERSCHARF

Kräuter sollten am besten immer mit einem sehr scharfen Messer geschnitten werden. Der Saft mit den ätherischen Ölen (und mit dem Geschmack) landet sonst vor allem im oder auf dem Brett und nicht im Gericht. Daher immer nur mit LEICHTEM DRUCK schneiden und die Kräuter nicht zerquetschen.

SEHR COOL!

Wenn du zu viel Kaffee gekocht hast, kannst du diesen sehr gut in Eiswürfelformen einfrieren. Die Eiswürfel kann man dann **ZUM KÜHLEN** für den nächsten Milchshake oder Eiskaffee nutzen, ohne dass das Getränk wässrig wird.

GUT VERDAUT

Damit Hülsenfrüchte besser verträglich sind, kannst du beim Kochen verdauungsfördernde Gewürze hinzufügen – das sind zum Beispiel Fenchel, Kümmel und Anis. Diese drei gibt es auch als Teemischung zu kaufen. Um die **VERDAUUNG ZU UNTERSTÜTZEN**, kannst du zu einer Mahlzeit mit Hülsenfrüchten eine Tasse davon trinken. Außerdem sollten die Hülsenfrüchte lange genug eingeweicht und gekocht werden. Zum Kochwasser kann auch noch etwas Natron hinzugefügt werden.

ESSBARE SCHÖNHEITSPFLEGE

Einige Essensreste kann man auch noch gut für die Haut- und Haarpflege verwenden: Aus Kaffeesatz und Öl lässt sich zum Beispiel ein **KÖRPERPEELING** machen. Avocados und Bananen eignen sich für Gesichts- und Haarmasken und übriger Kräutertee kann als Haarspülung verwendet werden.

ZITRONIGER GUTEN-MORGEN-TEE

Ich trinke morgens sehr gerne einen Tee mit erfrischenden Zutaten wie Zitronenmelisse, Minze und Ingwer. Die Mengenangaben muss man hierbei nicht allzu genau nehmen: ich finde, ein selbstgemachter Kräutertee schmeckt einfach immer gut.

ZUTATEN

- 4–5 Stängel Zitronengras
- 10 Stängel Zitronenmelisse
- 6 Stängel Minze
- 3 TL Orangenschale
- 3 TL Ingwer, geschält und klein geschnitten

So eine selbst gemachte **TEEMISCHUNG** eignet sich auch super als **GESCHENK**. Auch hier kann man wieder total viel mit verschiedenen **GEWÜRZEN** und Geschmäckern herumprobieren.

ANLEITUNG

1 Die Kräuter waschen und abtrocknen. Im Sommer kann man sie gut lufttrocknen lassen, ich trockne sie hier im Dörrautomaten. Dafür wird er 8 Stunden lang auf 40 °C eingestellt. Die Orangenschale und den Ingwer zum Trocknen auf einem Stück Backpapier auslegen.

2 Danach alles grob zerkleinern (nicht im Mixer, das wäre zu fein!) und in ein Glas abfüllen.

3 Die Teemischung in eine Kanne oder eine Tasse geben und mit kochendem Wasser übergießen. Ziehen lassen und dann genießen!

GEMÜSEBRÜHE SELBST GEMACHT

Gekaufte Gemüsebrühe enthält oft jede Menge Geschmacksverstärker, Zusatz- und Konservierungsstoffe. Dabei ist sie ganz einfach mit gesunden Zutaten selbst zu machen! Ich gebe für das Rezept keine Salzmenge an, da diese sehr individuell ist. Ich mache das Brühepulver ganz ohne Salz und gebe dann, wenn ich ein Gericht koche, die Menge an Salz hinzu, die dazu passt.

ZUTATEN

- 500 g Möhren
- 150 g Knollensellerie
- 50 g Petersilienwurzel
- 200 g Lauch oder Frühlingszwiebeln
- 120 g Zwiebeln
- 3 Knoblauchzehen
- 4 Lorbeerblätter
- ca. 30 g frische Petersilie
- 7 g frischer Thymian
- 7 g frischer Rosmarin
- 1–2 EL getrockneter Liebstöckel

Für die Brühe kann man auch gerne **GEMÜSERESTE** verwenden, wie zum Beispiel die Schalen von Möhren oder Petersilienwurzel.

ANLEITUNG

1 Zubereitung im Backofen: Das Gemüse säubern und schälen. Alles in einen Mixer geben und zu einer Paste verarbeiten. Man kann das Gemüse auch einfach klein schneiden, dann dauert das Trocknen aber wesentlich länger.

2 Die Gemüsepaste großflächig und möglichst dünn auf einem Backblech verteilen. Bei 60 °C trocknen lassen.

3 Zubereitung im Dörrautomaten: Das Gemüse säubern und schälen. Klein schneiden und bei 60 °C 10–12 Stunden trocknen lassen.

3A

3B

4

4 Nach der Trockenzeit alles zusammen mit den Kräutern und Gewürzen in den Mixer geben und zu einem feinen Pulver verarbeiten. In ein Schraubglas abfüllen, trocken und dunkel aufbewahren.

PILZ-WÜRZPULVER

Dieses Würzpulver aus Pilzen ist super für alle möglichen herzhaften Gerichte. Egal ob Nudelsauce, Eintopf oder Auflauf – überall wo noch ein bisschen „Umami" fehlt, kommt dieses Gewürz zum Einsatz.

ZUTATEN

- 100 g Kräuterseitlinge
- 100 g Austernpilze
- 200 g Champignons
- mittelgroße rote Zwiebel
- 3 Knoblauchzehen
- 7 g frischer Rosmarin
- 7 g frischer Thymian
- etwas Pfeffer und Muskat

Damit das Gewürz lange HALTBAR ist, ist es sehr wichtig, dass alle Zutaten absolut trocken sind. Dass sie trocken genug sind, erkennst du, wenn man sie leicht auseinanderbrechen kann. Falls sie noch biegsam sein sollten, muss die TROCKENZEIT verlängert werden.

ANLEITUNG

1 Die Pilze putzen und in Streifen schneiden.

2 Pilze, Zwiebel, Knoblauch und die frischen Kräuter auf ein Backblech oder das Dörrgitter für den Dörrautomaten legen, sodass sie sich möglichst nicht berühren. Bei 65 °C für 12 Stunden trocknen.

3 Wenn alles gut durchgetrocknet ist, alle Zutaten in den Mixer geben und zu einem feinen Pulver mahlen.

4 In ein Schraubglas füllen, trocken und dunkel aufbewahren.

TOMATEN EINKOCHEN

Tomaten einzukochen ist ganz einfach! Da Tomaten recht sauer sind, muss man hier nicht groß auf den pH-Wert achten. Sie müssen genau genommen nicht einmal eingekocht werden (solange kein anderes Gemüse hinzugegeben wird) sondern können einfach wie Marmelade heiß abgefüllt werden. Um ganz sicher zu gehen – und weil ich den Geschmack mag – füge ich noch ein kleines bisschen Essig hinzu.

ZUTATEN

- 1 kg Tomaten
- evtl. ein Schuss Wasser
- 4 EL guter Balsamico-Essig (min. 5 % Säure) oder 2 EL Zitronensaft

Natürlich kannst du auch direkt eine **FERTIGE TOMATENSAUCE** machen, mit Zwiebeln, Knoblauch, Kräutern und anderem Gemüse. Dann muss sie aber zusätzlich eingekocht werden!

ANLEITUNG

1 Die Tomaten waschen und den Strunk entfernen. Die Einmachgläser und Deckel sehr heiß ausspülen und auf einem sauberen Tuch bereitstellen.

2 Die Tomaten in einen Topf geben und mit dem Kochlöffel zerdrücken, damit der Saft austritt und die Tomaten nicht anbrennen. So werden die Tomaten jetzt für 30 Minuten gekocht, bis sie ganz weich sind. Falls doch zu wenig Flüssigkeit vorhanden ist, kann ein bisschen Wasser hinzugegeben werden.

3 Die weichen Tomaten fein pürieren und den Essig dazugeben. Noch einmal aufkochen und kochend heiß ich die Gläser abfüllen. Dabei darauf aufpassen, dass der Rand sauber bleibt. Die Gläser sofort verschließen und für 2 Minuten auf den Kopf stellen.

4 Dann die Gläser wieder umdrehen und abkühlen lassen. Wenn sie abgekühlt sind, sollten sie ein Vakuum gezogen haben und sich so für mindestens ein Jahr halten.

BIRNENMUS MIT ZIMT

Dieses Birnenmus ist aktuell mein absoluter Favorit! Es schmeckt so lecker wie kein gekauftes Mus, ist super cremig und noch dazu ohne zugesetzten Zucker.

ZUTATEN

- 1 kg Birnen
- 100 ml Wasser
- 2 EL Zitronensaft
- 1 TL Zimt

Damit die Gläser beim Einkochen NICHT BESCHÄDIGT werden, lege ich ein BAUMWOLLTUCH auf den Boden des Topfes. Wichtig ist außerdem, dass die Gläser immer zu MINDESTENS ⅔ ihrer Höhe mit Wasser bedeckt sind.

ANLEITUNG

1 Die Birnen schälen und von den Kernen befreien. Die Gläser sehr heiß ausspülen.

2 Die Birnen mit dem Wasser in einen Topf geben und für 30 Minuten köcheln lassen, bis sie komplett weich sind.

3 Die weichen Birnen pürieren und Zitronensaft und Zimt hinzufügen. Das Mus noch einmal aufkochen und sehr heiß in die Gläser abfüllen.

4 Die Gläser in einen Topf mit heißem Wasser stellen und für 30 Minuten in sprudelndem Wasser einkochen.

5 Danach die Gläser auf einem sauberen Küchentuch abkühlen lassen. Wenn sie abgekühlt sind, sollten sie ein Vakuum gezogen haben und mehrere Monate haltbar sein.

SAUER EINGELEGTER BLUMENKOHL UND MÖHRE

Dieses eingelegte Gemüse ist sehr schnell gemacht und eignet sich auch super zum Verschenken für alle, die gerne Saures essen.

ZUTATEN

- 1 kleiner Kopf Blumenkohl
- 1–2 Möhren
- 2–3 Knoblauchzehen
- 4 Zweige Dill
- 5 TL schwarze Pfefferkörner
- 5 TL Senfkörner

Für den Essigsud

- 500 ml Weißweinessig (5% Säure)
- 500 ml Wasser
- 10 g Salz
- 10 g Zucker

Mit dem Essigsud kannst du auch ANDERE GEMÜSESORTEN einlegen und die GEWÜRZE ganz frei abändern. Hier kann man der Kreativität einfach freien Lauf lassen!

ANLEITUNG

1 Das Gemüse gründlich waschen und zerkleinern. Die Möhre zusätzlich schälen. Die Gläser im Ofen bei 130 °C für 15 Minuten sterilisieren.

2 Die Gewürze und Kräuter in die Gläser füllen. Danach immer abwechselnd das Gemüse hineingeben.

3 In einem kleinen Topf den Essigsud vorbereiten, hierfür werden alle Zutaten vermischt und kurz aufgekocht. Dann wird der heiße Sud sofort in die Gläser geschüttet und die Gläser gleich verschlossen.

4 In einen tiefen Topf ein Baumwolltuch legen. Heißes Wasser in den Topf füllen und die heißen Gläser hineinstellen. Das Wasser aufkochen lassen und das Gemüse in sprudelndem Wasser für 30 Minuten einkochen.

5 Die Gläser aus dem Topf holen und auf einem sauberen Küchentuch abkühlen lassen. So sind sie mehrere Monate haltbar.

NÜTZLICH & HILFREICH

VORRATS- & EINKAUFSLISTE

Um das Einkaufen und die wöchentliche Essensplanung zu erleichtern, habe ich eine Vorratsliste mit Lebensmitteln, die wir immer brauchen. So muss meistens nur die Liste durchgegangen und nachgekauft werden, was fehlt.

TROCKENE VORRÄTE:

- ☐ Vollkornnudeln und Reisnudeln
- ☐ Brot
- ☐ Vollkornreis
- ☐ Haferflocken/Müsli
- ☐ Nüsse und Samen
- ☐ getrocknete Linsen und Bohnen
- ☐ verschiedene Mehlsorten
- ☐ getrocknete Tomaten
- ☐ Backzutaten (Backpulver, Hefe, Stärke, etc.)
- ☐ Trockenfrüchte, z. B. Datteln

KÜHLSCHRANK UND GEFRIERFACH:

- ☐ Naturtofu, Räuchertofu und Tempeh
- ☐ Sojajoghurt
- ☐ Pflanzenmilch
- ☐ gefrorene Beeren
- ☐ selbst gemachte oder gekaufte Fertiggerichte, wenn die Zeit mal knapp ist

OBST:

- ☐ Äpfel und/oder Birnen
- ☐ Obst je nach Saison
- ☐ Bananen
- ☐ Zitronen
- ☐ Avocado

GEMÜSE:

- ☐ Kartoffeln
- ☐ Brokkoli
- ☐ Pilze
- ☐ Zwiebeln
- ☐ Knoblauch
- ☐ anderes Gemüse nach Gerichten und Saison

GEWÜRZE/SAUCEN/ ÖLE ETC.:

- ☐ trockene Gewürze, vor allem:
    - Salz
    - Pfeffer
    - italienische Kräuter
    - Muskat
    - Paprika
    - Kurkuma
    - Kreuzkümmel
    - Curry
- ☐ Sojasauce
- ☐ verschiedene Essigsorten
- ☐ Nussmus, z. B. Mandelmus, Erdnussmus
- ☐ Sriracha
- ☐ Miso-Paste
- ☐ Senf
- ☐ Pesto
- ☐ Tomaten-Passata

LEBENSMITTEL RICHTIG LAGERN

Damit Lebensmittel lange halten, ist es wichtig sie richtig zu lagern. Hier eine kleine Übersicht, was wohin gehört.

Im KÜHLSCHRANK gibt es UNTERSCHIEDLICHE KÄLTEZONEN. In der TÜR ist es am WÄRMSTEN. Hier kann Unempfindliches hin wie Saucen, Getränke oder Margarine.

UNTEN im Kühlschrank ist die NÄCHSTWÄRMERE Zone: Hier fühlt sich Obst, Gemüse und Salat am wohlsten.

Schnell verderbliche Lebensmittel gehören in das Fach DARÜBER: hier ist es am KÄLTESTEN. In den höheren Ebenen wird es dann wieder etwas wärmer, hier können zum Beispiel Joghurts und zubereitete Speisen gelagert werden.

<table>
<tr><td>Im VORRATSSCHRANK, trocken, dunkel und am besten in Bügelgläsern untergebracht (zum Schutz vor Schädlingen und Feuchtigkeit)</td><td colspan="2">Nudeln, Mehl, Getreide (Reis, Haferflocken, Hirse, Quinoa), Nüsse und Samen, Trockenfrüchte</td></tr>
<tr><td>Im SCHRANK oder KELLER, in einer dunklen, aber belüfteten Kiste</td><td colspan="2">Zwiebeln, Knoblauch, Kartoffeln (getrennt von Zwiebeln und Knoblauch),Kürbisse</td></tr>
<tr><td>Offen bei ZIMMERTEMPERATUR*, nicht gestapelt</td><td colspan="2">Tomaten, Äpfel (wenn sie länger gelagert werden sollen, dann in den Kühlschrank)</td></tr>
<tr><td rowspan="7">Im KÜHLSCHRANK</td><td>Beeren</td><td>erst waschen und trocknen, dann nicht gestapelt in den Kühlschrank</td></tr>
<tr><td colspan="2">Salate</td></tr>
<tr><td>Kräuter</td><td>in einem Glas Wasser oder in ein feuchtes Tuch geschlagen</td></tr>
<tr><td colspan="2">Kohlgemüse</td></tr>
<tr><td>Pilze</td><td>falls Plastikfolie vorhanden, auf jeden Fall entfernen und die Pilze luftig lagern</td></tr>
<tr><td>Wurzelgemüse wie Möhren, Radieschen etc.</td><td>in Wasser eingelegt ohne Grün</td></tr>
<tr><td colspan="2">Paprika, Zwetschgen, Pfirsiche</td></tr>
</table>

***ACHTUNG REIFEGASE: Vor allem Äpfel stoßen viel von dem Reifegas Ethylen aus. Das kann man sich zu Nutze machen: Obst und Gemüse, das schnell reifen soll kann man danebenlegen. Anderes lagert man besser woanders.**

SAISONKALENDER

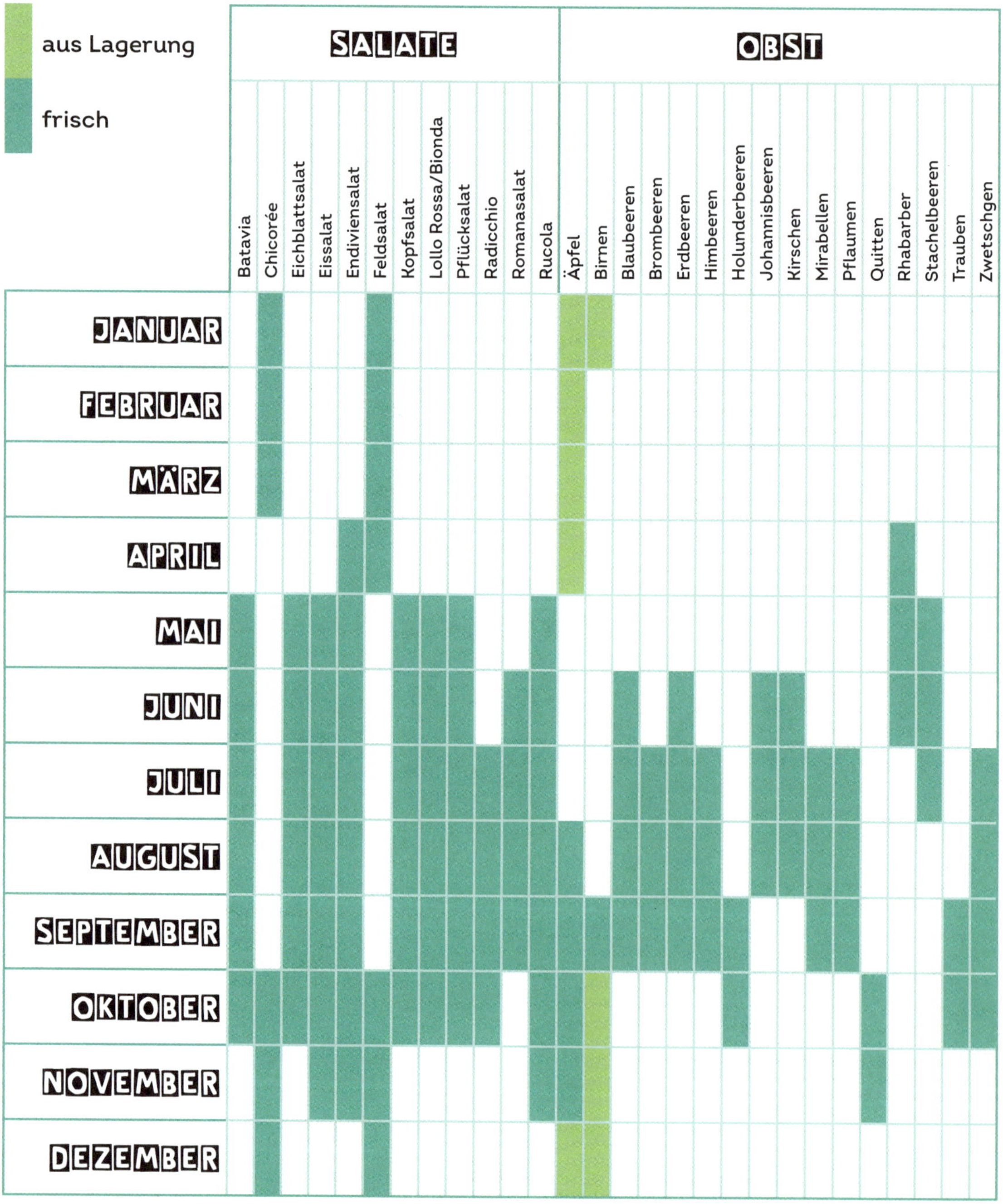

GEMÜSE

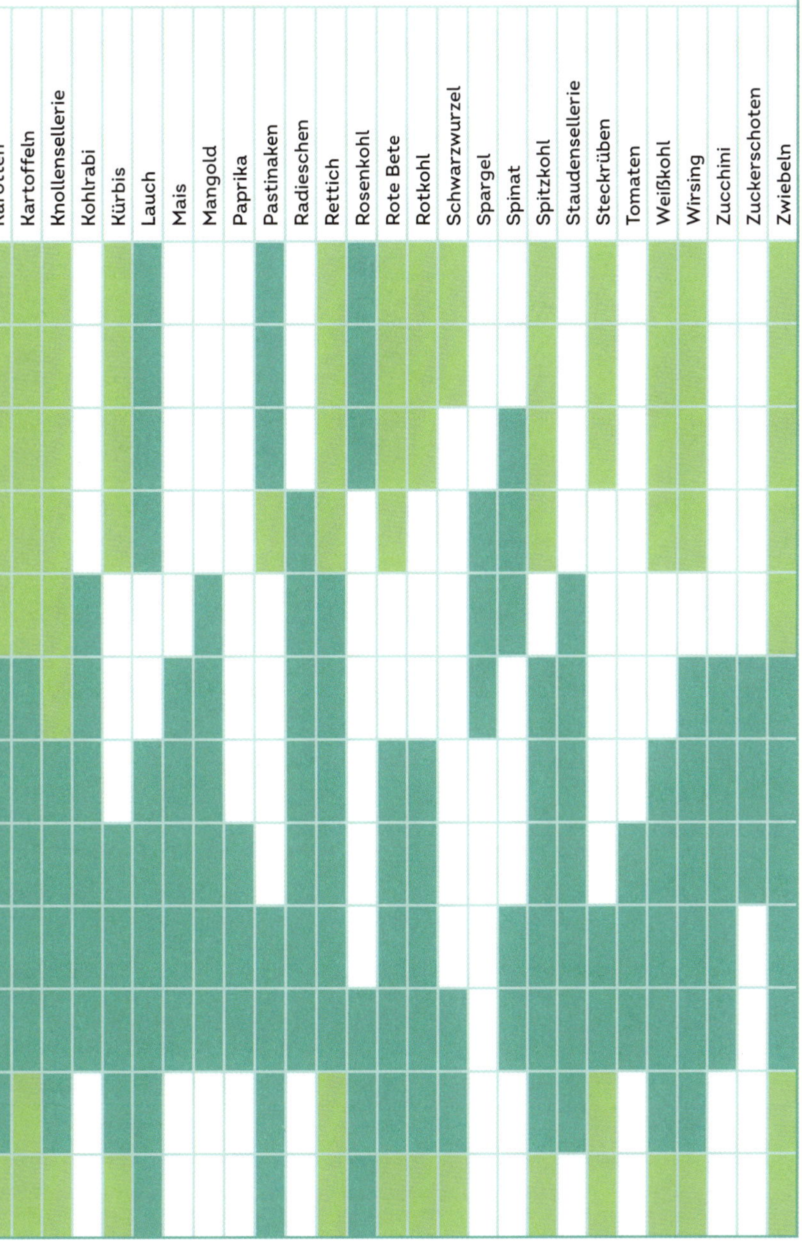
Aubergine
Bärlauch
Blumenkohl
Bohnen
Brokkoli
Champignons
Chinakohl
Erbsen
Fenchel
Frühlingszwiebeln
Grünkohl
Gurken
Karotten
Kartoffeln
Knollensellerie
Kohlrabi
Kürbis
Lauch
Mais
Mangold
Paprika
Pastinaken
Radieschen
Rettich
Rosenkohl
Rote Bete
Rotkohl
Schwarzwurzel
Spargel
Spinat
Spitzkohl
Staudensellerie
Steckrüben
Tomaten
Weißkohl
Wirsing
Zucchini
Zuckerschoten
Zwiebeln

GUTE NACHBARN – SCHLECHTE NACHBARN!

Nicht jedes Gemüse und Kraut verträgt sich im Beet miteinander. Um möglichst gesunde Pflanzen großzuziehen und viel ernten zu können, sollte bei der Beetplanung darauf geachtet werden, welche Pflanzen zueinander passen.

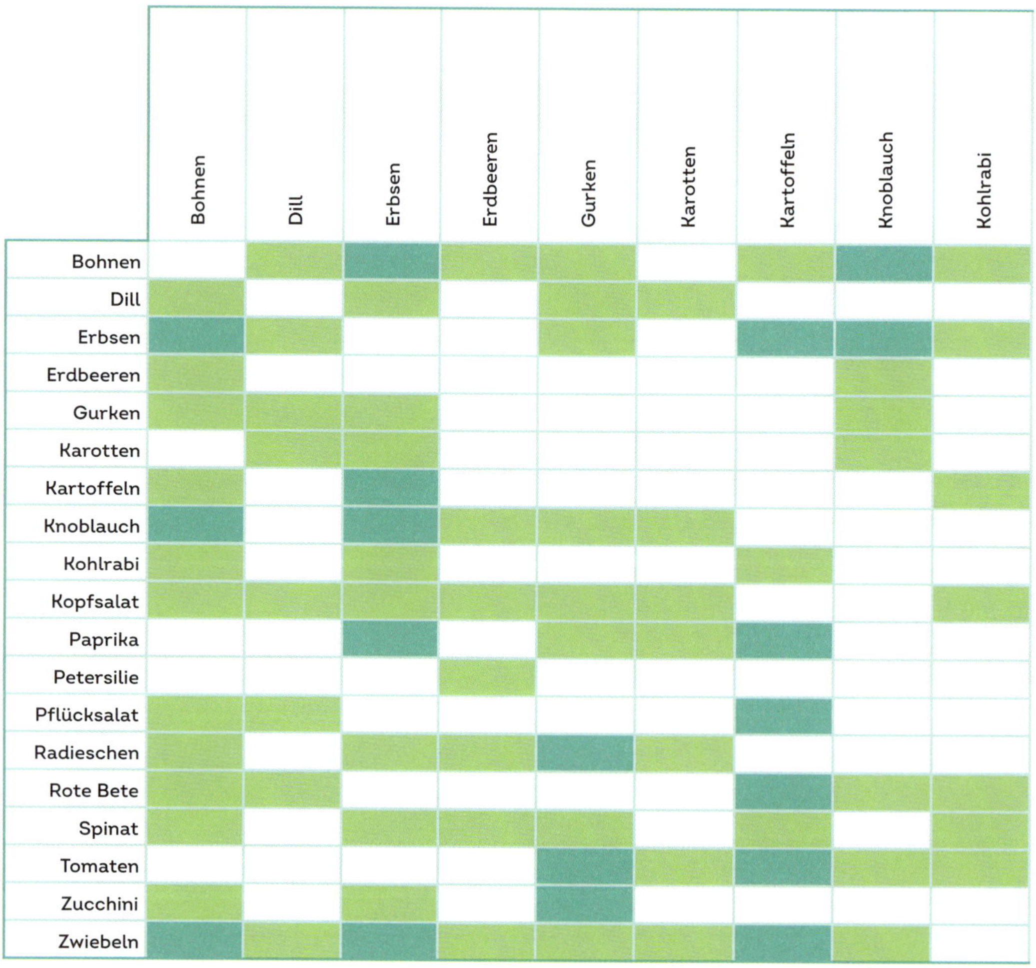

guten Nachbarn

schlechte Nachbarn

	Kopfsalat	Paprika	Petersilie	Pflücksalat	Radieschen	Rote Bete	Spinat	Tomaten	Zucchini	Zwiebeln
Bohnen	gut			gut	gut	gut	gut		gut	schlecht
Dill	gut			gut		gut				gut
Erbsen	gut	schlecht			gut		gut		gut	schlecht
Erdbeeren	gut				gut		gut			gut
Gurken	gut	gut			schlecht		gut	schlecht		gut
Karotten	gut	gut			gut			gut	gut	
Kartoffeln		schlecht		schlecht		schlecht	gut	schlecht		schlecht
Knoblauch						gut	gut			gut
Kohlrabi	gut					gut	gut	gut		
Kopfsalat					gut	gut	gut	gut		gut
Paprika						schlecht		gut		
Petersilie	schlecht				gut			gut		
Pflücksalat					gut	gut	gut			gut
Radieschen	gut	gut		gut			gut			
Rote Bete	gut	schlecht		gut			schlecht		gut	gut
Spinat	gut			gut	gut	schlecht				
Tomaten	gut	gut								gut
Zucchini						gut				gut
Zwiebeln	gut			gut		gut		gut		gut

GLOSSAR DER VEGANEN ZUTATEN

AGAR-AGAR

Pflanzliches Geliermittel, als Alternative zur Gelatine. Agar-Agar (manchmal auch Agartine) gibt es in jedem gut sortierten Supermarkt zu kaufen.

KALA NAMAK

Das vulkanische Salz hat einen schwefeligen Geschmack, der an Ei erinnert. Man kann es auf Rührtofu, Avocado oder Kartoffeln streuen. Aber immer erst zum Ende der Zubereitung, denn bei Hitze verliert es den Geschmack.

HEFEFLOCKEN

Enthalten viele B-Vitamine und geben ein „käsiges“ Aroma. Man kann sie in Saucen mischen oder auch einfach über Gerichte streuen.

TOFU

Tofu wird aus eingeweichten und pürierten Sojabohnen – also aus einer Sojamilch - hergestellt. Dazu wird ein Gerinnungsmittel gegeben, damit die Milch ausflockt. Der Bohnenbrei wird dann gepresst und oft auch mariniert und gewürzt.

TEMPEH

Tempeh ist ein Block aus fermentierten Sojabohnen. Er schmeckt ganz anders als Tofu und hat eine festere Konsistenz. Kaufen kann man ihn vor allem im Bioladen oder Asiamarkt.

SEITAN

Seitan entsteht durch das Auswaschen von Stärke aus einem Weizenteig. Es ist nichts anderes als das Kleber-Eiweiß (Gluten) aus dem Weizen. Die Struktur ist faserig und es lassen sich damit viele proteinreiche vegane Fleischalternativen zubereiten.

SOJA-SCHNETZEL, SOJAGRANULAT ETC.

Hierfür wird entfettetes Sojamehl unter hohem Druck zu verschiedenen Formen verarbeitet. Zu kaufen gibt es die Produkte in jedem gut sortierten Super- und Drogeriemarkt. Für die Zubereitung musst du sie nur einweichen und kannst sie dann gut gewürzt für viele Gerichte verwenden.

MISO-PASTE

Miso ist eine fermentierte Paste, die traditionell aus Soja hergestellt wird, es gibt sie aber auch aus Gerste, Reis oder anderen Körnern. Wenn man eine natürliche Miso-Paste wählt (vor allem im Bio-Markt erhältlich) ist sie sehr gesund und kann Gerichten mehr Umami verleihen.

(WEB-)SHOP- UND PRODUKT-EMPFEHLUNGEN

Generell für nachhaltige Produkte:

www.avocadostore.de
www.miteckenundkanten.com
(Produkte mit Schönheitsfehlern)

Shops für Lebensmittel in Bio-Qualität:

www.mein-muesli-laden.de (plastikfrei)
www.suessundclever.de (plastikfrei)

Samenfestes Bio-Saatgut:

www.bingenheimersaatgut.de
shop.rankwerk.de
www.manufactum.de

Anbieter für Saisongärten:

www.meine-ernte.de
www.ackerhelden.de

Alles Rund um Fermentation, Einkochen, Selbstversorgung usw.:

www.fairment.de (auch auf YouTube)
www.sauer-macht-gluecklich.de
(auch auf YouTube)
Steffi kocht ein (YouTube)
Kalinkas Kueche (YouTube)
Der Selbstversorgerkanal (YouTube)

BUCHEMPFEHLUNGEN FÜR DICH

Umdenken beginnt jetzt! Diese Bücher unterstützen dich auf deinem Weg zu mehr Nachhaltigkeit:

ISBN 978-3-7358-7077-3

ISBN 978-3-7358-5189-5

ISBN 978-3-7358-5187-1

ISBN 978-3-7724-4976-5

ISBN 978-3-7358-5030-0

ISBN 978-3-7724-7158-2

Viele weitere Kreativ-Bücher findest du auf www.TOPP-kreativ.de

#TOPPPROJEKT

Die eigene Kreativität zeigen: TOPPprojekt mit anderen Kreativen teilen und Teil der Gemeinschaft werden.

DIY-begeistert und auf Instagram? Dann unbedingt mitmachen! Hier gibt's Tipps und Feedback zu den eigenen Projekten. Außerdem verlosen wir jeden Monat ein Überraschungspaket. Um am Gewinnspiel teilzunehmen, einfach ein Bild vom Kreativ-Projekt aus unseren Büchern mit #TOPPprojekt posten und unserem Account @frechverlag folgen. Mehr Infos auf TOPP-kreativ.de/TOPPprojekt

Website
Auf TOPP-kreativ.de kannst du ein riesiges Angebot von über 1.000 Kreativbüchern, Sets & mehr entdecken.

Newsletter
Gleich anmelden unter: TOPP-kreativ.de/newsletter und immer als Erstes von unseren Neuheiten und Sonderaktionen erfahren.

Instagram
@frechverlag

Pinterest
pinterest.com/frechverlag

Facebook
facebook.com/frechverlag

DigiBib
Hier findest du zusätzlich zu vielen unserer Bücher digitale Extras, wie Video-Tutorials, Plotter-Dateien, Vorlagen, Übungsblätter & vieles mehr. Einfach im Impressum deines TOPP-Buchs den Freischalte-Code nachschlagen und exklusive Inhalte freischalten. TOPP-kreativ.de/digibib

Youtube
youtube.com/frechverlag

IMPRESSUM

TEXTE: Violetta Verissimo
BILDER: freepik (Seite 6-17, 22, 23 unten, 52-54, 56-59, 62 oben, 63, 68/69, 76/77, 150); Shutterstock:pilipphoto (S. 23 „Radicchio"), nkula (S. 60 „Kartoffeln"), Dora Zett (S. 62 unten); Violetta Verissimo (alle übrigen)
PRODUKTMANAGEMENT UND LEKTORAT: Magdalena Wassen
COVERGESTALTUNG: Eva Hook
HERSTELLUNG UND LAYOUTENTWURF: Katrin Röhlig
SATZ: Bernadett Linseisen (schere.style.papier), München
DRUCK UND BINDUNG: Finidr s.r.o., Tschechische Republik

1. Auflage 2023

ISBN 978-3-7358-5184-0 • Best.-Nr. 25184

MIX
Aus verantwortungsvollen Quellen
FSC
www.fsc.org
FSC® C014138

Penguin Random House Verlagsgruppe
FSC® N001967

SERVICE-HOTLINE

Hast du Fragen oder gibt es ein Problem? Wir helfen dir gern. Ruf uns an oder schreib uns eine E-Mail:

Telefon: 0711 / 123 757 20*
E-Mail: hilfe@frechverlag.de
*normale Telefongebühren

Weitere Informationen zum Verlag und zu unserem gesamten Programm findest du unter: www.topp-kreativ.de